Welcome!
So nice to see you here

zs

München
1. Auflage 2015
ISBN 978-3-89883-480-3

Grafische Gestaltung	Claudia Hautkappe, Irene Schulz
Foodfotografie	Claudia Gödke
Styling	Rike Janke
Rezepte & Texte	Conny Eyssen
Redaktion	Alexandra Gudzent, Eva-Maria Hege
Illustrationen	Tim Weiffenbach (www.illustration-tw.com)
Herstellung & Lithografie	Jan Russok, Peter Karg-Cordes
Druck & Bindung	Neografia, Martin

Besuchen Sie uns auch im Internet unter www.zsverlag.de und
auf Facebook unter www.facebook.com/zsverlag

Cooking for compliments

KLEINER AUFWAND BEIM KOCHEN –
GROSSE SHOW BEI DEN GÄSTEN

Inhalt

Der neue Trend, der wirklich erfreulich ist: Zu Hause kochen und genießen. Zum Beispiel mit dem Liebsten und seinen Kids aus erster Ehe im „Alles-ist-so-total-krass-uncool"-Alter, die gleichzeitig Spaghetti à la Little Italy (S. 97) verschlingen und in „Battlefield 4" gegnerische Soldatenarmeen ermorden. Nicht ärgern, Hauptsache, es schmeckt den Kids, sie kommen gerne und auch wieder und vor allem mit dem Vater. Mit dem Mann, der das Herz extrem zum Stolpern bringt.

Mit einer wunderbaren Essenseinladung möchte man natürlich auch gerne die Familie überraschen. Obwohl man weiß, dass die Mutter den weltbesten Kalbsbraten macht, verspürt man als erwachsene Frau doch den trotzköpfigen Wunsch einer – scheinbar – ungehörigen Challenge.

»Was meine Mutter kann, das kann ich jetzt auch! Vielleicht sogar besser.«

Ist diese Challenge vielleicht ein Mutter-Tochter-Konflikt? Ein endgültiger Abnabelungsprozess, der unverzichtbar ist, wenn man in Zukunft keine zerrüttete Ehe und Kinder mit neurotischen Depressionen riskieren will? Könnte die bisher nicht vollzogene Abnabelung der wahre Grund für die Trennung damals von Markus sein …? Möglicherweise ist er nur deshalb mit der biegsamen Yogalehrerin fremdgegangen? Angeblich haben sie ja nur Positionen des neuen „Nude Yoga" geübt. „Ernsthaft jetzt, ehrlich", hatte Markus behauptet. Nude Yoga verleihe einem ein völlig neues Selbstbewusstsein.

Ich habe Markus samt Yogamatte rausgeschmissen. Total selbstbewusst.

Gegen den klassischen Kalbsbraten mit Stangensellerie, Zwiebeln und Möhren von Mama tritt also an: mein **Rôti de veau mit Äpfeln und Cidre (S. 70)**. Nach den ersten Bissen tupft die Kalbsbraten-Königin sich den Mund mit der wolkenweißen Leinenserviette ab. Mit ordentlich am Tellerrand abgelegten Besteck (Mist! Wieder keine Messerbänkchen von Annette ausgeliehen!) verkündet sie: **„Der Braten ist wirklich köstlich, mein Kind! Vielleicht könntest du mir das Rezept verraten?"**

Wesentlich unkomplizierter gestalten sich natürlich stundenlange Abende mit Freunden, mit denen man sich auch ohne viele Worte versteht, es jedoch viel aufregender und gemütlicher findet, auch auszusprechen, was man so denkt und erlebt hat und warum der Chef einfach u-n-a-u-s-s-t-e-h-l-i-c-h ist.
Die Alternative: Man sitzt in einem „In“-Restaurant, in dem man nur dank Bestechung des Oberkellners einen Tisch bekommen hat. Man gibt viel Geld aus und ärgert sich über Kellner, die zur Berufsberatung hätten gehen sollen. Dort hätte man ihnen zu einem Job als Schmiergeldeintreiber geraten. Dann muss man sich auch noch von den Typen am Nebentisch strafend anstarren lassen, weil man sich so gut unterhält und manchmal ein halbes Dezibel zu laut lacht.
Nein, danke! Lassen Sie uns doch bitte behaglich und harmonisch zu Hause speisen.
Also: Tagelang Kochbücher wälzen, in denen jedes zweite Gericht so aussieht, dass es garantiert nicht wiederzuerkennen ist, wenn man selbst Hand angelegt hat. Die Entscheidung übers ultimative Menü ist dann endlich gefallen und die Post-it-Zettel sind in die entsprechenden Seiten geklebt. (Wie wollen Sie die Rezepte sonst wiederfinden?) Dann: Den Einkaufszettel schreiben!

Beim Einkaufszettel schreiben ist es zwingend erforderlich, alles tadellos aufzulisten. Denn sonst stellt man nach dem sechsten Versuch fest – kurz bevor man das Kochbuch in 9 865 Einzelteile zerreißen möchte –, dass es klug wäre, jeweils die Lebensmittel untereinander zu setzen, die man a) beim Gemüsehändler, b) beim Metzger (oder im Fischgeschäft) und c) im Asialaden oder e) im Feinkostgeschäft bekommt.

Im Restaurant essen heißt doch: Viel Geld ausgeben und sich über unfreundliche Kellner ärgern.

Warum Fisch, Joghurt und Koriander unbedingt voneinander getrennt werden müssen.

Die Einkaufsliste auf jeden Fall mit dem Computer schreiben. So lassen sich zum Beispiel 3 Peperoni, 700 Gramm Rotbarschfilet, 1 Glas Kleeblütenhonig, 2 Bund Koriander, 1 Glas Bambussprossen und 3 griechische Joghurt besser hin- und herrücken und der entsprechenden Kategorie zuordnen.

Die Einkaufsliste ist fertig. Gut. Aber dann findet man in der ganzen verdammten Stadt keinen verdammten geräucherten Knoblauch aus Arleux, den das Rezept vorschreibt.

Arleux – das ist eine Gemeinde mit knapp 25 000 Einwohnern, einem Rathaus und einem Bahnhof im Nordosten von Frankreich. Warum man diesen Ort kennen muss? Aus Arleux kommt der beste geräucherte Knoblauch überhaupt, ohne den ein halbwegs anständiges Essen praktisch nicht möglich ist.

Kein geräucherter Knoblauch aus Arleux = keine Einladung. So einfach kann eine schwere Entscheidung sein.

Mal ehrlich: Das merkt doch letztendlich kein Mensch, ob die Knolle in Arleux, Augsburg oder Anshun (*) geräuchert wurde?

Bei dieser Knoblauch-Geschichte ergibt sich abends bei Tisch noch eine zweite passende Gelegenheit, um „fishing for compliments" zu gehen: Wenn Sie so ganz nebenbei von Arleux und dem gemeindetypischen Produkt erzählen. „Gourmets schwärmen ja von diesem Knoblauch. Die Bauern dort räuchern ihn über Torffeuer, wusstet ihr das?" Die Reaktion wird sein: All-

(* Anshun = eine Stadt in der chinesischen Provinz Guizhou. Aus China kommen fast 80 Prozent der Knoblauchproduktion. Und das sind jährlich rund 14 000 000 Tonnen. Bei den Chinesen heißt der Knoblauch übrigens suàntóu und geschrieben wird er so: 蒜. So viel Wissen hat doch ein Kompliment verdient?!)

gemeines Kopfnicken. Gefolgt von einem anerkennenden: „Faszinierend." Und alle versuchen andächtig, das typisch Arleux'sche Odeur herauszuschmecken. „So aromatisch, aber dabei gleichzeitig so elegant."

Nach dem stressigen Einkauf, bei dem man quer durch die Stadt gehetzt ist, geht der Gastgeber-Spaß weiter: Zu Hause alles in den hoffnungslos überfüllten Kühlschrank stopfen. Denn der ist es nicht gewohnt, Lebensmitteln für acht oder gar zehn Personen ein Heim zu geben. Sei es auch nur vorübergehend.
Am großen Tag dann schälen, schnibbeln, raspeln, fein hacken, grob hacken, zerteilen, zerkleinern, wiegen, rühren und Was-weiß-ich-nicht-alles. Und möglicherweise muss ich danach mit den Tränen kämpfend zusehen, wie die Sauce zerflockt und der glitschige Fisch mir aus der Hand auf den Küchenboden flutscht, auf dem sich Fettspritzer zu einem spontanen Flashmob versammelt haben.

Wiegen, schälen, schnibbeln, reiben, hacken, zerteilen – was soll man denn bitte sonst noch alles machen?

Wie schön, wenn dann die Gäste kommen, die sich auf einen fröhlichen Abend mit gutem Essen freuen. Schade, dass man selbst völlig kaputt, fix und fertig und verschwitzt ist ...
Ich bin bekennende „Das perfekte Dinner"-Freundin, aber ich würde mir nie, nie, nie das antun, was sich die Protagonisten da aufladen. Wo bleibt denn da der Spaß, wenn man den ganzen Tag in Action ist und extra Baumwollhandschuhe anzieht, um Besteck und Gläser auf dem Tisch zu verteilen?! Natürlich millimetergenau abgemessen!

Wenn noch hastig die komplette Wohnung aufgeräumt werden muss, weil die Gäste überall herumstöbern. Denn erst das lässt einen in die intimsten Abgründe des Gastgebers blicken. Handschellen? „Aah, sie hat ‚Shades of Grey' gelesen!"
Dann muss sich die Gastgeberin in letzter Sekunde umziehen und verbringt die meiste Zeit des Abends am Herd. Nein, danke. Es geht auch anders. Erstens gibt es erfreulicherweise Easygoing-Gerichte, die aussehen wie vom 2-Sterne-Koch. Und die kann buchstäblich jeder nachkochen, der mehr als drei Töpfe in der Küche stehen hat (und sie auch benutzt) und Kochlöffel, um darin herumzurühren.
Zweitens: **Was für das Aussehen einer Frau gilt – Outfit und Make-up machen aus einer schönen Frau eine noch schönere Frau – trifft ebenso aufs Essen zu.** Die Deko der Gerichte, des Tischs und Raums sind das optische First-Class-Upgrade.
Drittens: Was ich kann, können Sie schon lange. Ich habe irgendwann allein beim Anblick der Tiefkühltheke im Supermarkt Magenkrämpfe bekommen. Und die Entscheidung hieß: Ich muss kochen lernen! Fast manisch sammelte ich ab sofort Frauenmagazine, aus denen ich die Rezeptseiten riss, die ordentlich in einen Ordner geheftet wurden. Den hatte ich natürlich präpariert und ihn in die Kategorien „Vorspeisen", „Suppen", „Salate", „Gemüse", „Fisch", „Geflügel", „Fleisch", „Pasta" und „Desserts" unterteilt.
Fragen Sie mich bitte nicht, in welche Entscheidungsnöte mich meine Organisation mit der Zeit brachte. Gehören Penne mit Lammragout jetzt zu „Pasta" oder zu „Fleisch"? Hefte ich das Rezept für das Parmesan-Oliven-Brot in die Kategorie „Vorspeisen" oder soll ich eine neue Gruppe bilden? Beispielsweise „Backen"? Brauchen Kartoffeln eine eigene Kategorie? Und dürfen Aufläufe sich unauffällig unters „Gemüse"-Volk mischen?

Warum die Ordnung in einem Rezeptordner ganz schnell in Unordnung geraten kann …

Zurück an den Herd: **Sich vorzunehmen, nach einem Rezept zu kochen, ist eine Sache. Ein anderes Ding ist es, das, was da im Buch steht, in die Tat umzusetzen.** Ich habe nicht gezählt, wie oft ich versucht habe, eine Lammkeule beim Anbraten zu wenden, die sich krampfhaft mit jeder Faser am Pfannenboden festhielt. Wie oft mir der Reis im Topf angebrannt ist oder wie oft meine Gäste halbgaren, harten Reis essen mussten.

Pssst! Bitte nicht weitersagen, wie einfach es ist, ein wirklich tolles Essen zu servieren.

Meine Gäste hielten tapfer durch. Dafür werden sie von mir belohnt. Mit Einladungen. **Dafür bedanken sie sich. Mit Komplimenten.** Aus der hilflosen Anfängerin ist längst „eine tolle Köchin" geworden. Behaupten jedenfalls meine Freunde. Sie vermuten, ich würde ein besonders feines Händchen für die Zubereitung delikater und optisch verlockender Speisen besitzen. Also quengelten sie, allen voran meine Freundin Eva: „Conny, du MUSST ein Kochbuch schreiben."

Ich habe nachgegeben. **Nicht unbedingt gern, denn Cooking for compliments ist so einfach, dass es wirklich jeder kann.** Und dann verblasst ja mein Heiligenschein ...

Come in and feel at home

Appetizer

Es gibt ja Menschen, die wollen aus Prinzip alles anders machen als die anderen. Meine Freundin Rita gehört zu denen, die ihre eigenen Regeln aufstellen und sich dabei als äußerst kreativ erweisen. Sie lädt grundsätzlich nur Gäste ein, die sich noch nie begegnet sind, und nie mehr oder weniger als acht.
Vor ein paar Wochen bekam ich wieder eine Einladung zu einem Essen. Für diesen Abend hatte Rita sich überlegt: Jeder Gast muss seinen Tischnachbarn zur Linken interviewen und dann den anderen Gästen vorstellen. „Nicht nur mit Namen“, erklärte Rita, „sondern auch mit seinen Vorlieben und Schwächen. Den Beruf solltet ihr auch erwähnen. Ihr habt jeweils zehn Minuten Zeit.“
Wie gesagt, Rita ist sehr kreativ. Gast A interviewt also Gast B zu seiner Linken. Und Gast C fragt Gast D ein Loch in den Bauch. Und so weiter. In Runde zwei fragt Gast D Gast C aus.

Ich fühlte mich ertappt, als hätte ich bei der Mathearbeit geschummelt.

An diesem Abend saß zu meiner Linken eine stämmige Frau mit feuerwehrrotem Lippenstift, trauerschwarz umrandeten Augen und Walle-Gewand in Violett. Hellseherin? Heilpraktikerin? Zuerst wollte ich ihren Namen wissen. „Elvira“, antwortete sie. Leider konnte ich dann nicht weitermachen, denn sie hatte wohl die Interview-Regeln nicht richtig verstanden oder einfach keine Lust, sich daran zu halten. „Haben Sie Katzen?“, fragte sie mich mit eindringlichem Blick.
„Nein.“
„Noch nie?“ Und ihre Augen waren plötzlich so groß wie eine Lidschattendose.
Ich fühlte mich irgendwie ertappt, als hätte ich bei der Mathearbeit geschummelt und die Formel der ungeraden Potenzfunktion auf meiner Jeans notiert. $(f\{x\} = ax^{2n-1})$ „Nun, die Tochter meines Mannes hatte mal ein Meerschweinchen. Es war dann so krank, dass wir es haben einschläfern lassen.“
„Wie traurig ...“

„Ja. Meine Stieftochter meinte, wir solltem es in den Bio-Müll werfen."
Warum erzählte ich Elvira das alles? Besaß sie übersinnliche Kräfte? Sie legte anteilnehmend ihre Hand auf meine Hand. Ich nutzte die kurze Pause, um endlich meine Fragen loszuwerden. „Haben SIE denn ein Haustier?" Ich erfuhr, dass sie zwei entzückende Katzen besitzt. Zwei, damit sie miteinander spielen können. „Ich bin Tatortreinigerin. Und deshalb selten zu Hause."
Mir wurde kurz schwarz vor Augen. Tatortreinigerin. Blut. Beseitigung von Körperflüssigkeiten, Verwesungsrückstände und Ungeziefer.
„Wissen sie", fuhr Elvira mit ihrer sanften Stimme fort, „neben dem Meisterbrief in Gebäudereinigung braucht man fundierte Kenntnisse im Infektionsschutz sowie der Seuchenbekämpfung. Die meisten Menschen machen sich ja keine Vorstellung, wie wichtig unser Beruf ist. Na ja, die meisten Menschen machen sich ja auch keine Vorstellung davon, wie es aussieht, wenn jemand hinterrücks in seinem Wohnzimmer erschossen wurde und dann auf den hellgrauen Teppichboden fällt ... Ich erspare Ihnen die Einzelheiten."
Ich murmelte leise: „Danke." Elvira war trotzdem nicht zu stoppen: „Ich liiiiebe meinen Beruf." Ich nickte etwas apathisch. Elvira plapperte munter weiter. „**Und ich bin soooo glücklich, wenn ich eine Wohnung gesäubert habe.** Nirgendwo mehr ein Spritzer Blut! Nicht an der Wand, nicht auf dem Boden und auch nicht auf dem Sofa." Dann meinte sie beruhigend: „Klar, manchmal sind es natürlich auch Unfälle. Dann gibt es längst nicht so viel Blut und das alles." Ein Seufzer drang aus ihrer üppigen Brust. „Na ja, nach meiner Arbeit gehe ich glücklich nach Hause, wo meine Katzen mich schon schnurrend erwarten und um meine Beine streichen."
Es war dann nicht gerade einfach für mich, Elvira den anderen Gästen vorzustellen, ohne dass ihnen der Appetit auf die Rote Bete in Tomaten-Sugo verging.
Mein Mann hatte die reizvolle Aufgabe, eine Schauspielerin vorzustellen. Blond, langhaarig, Mitte 20 und 85 Cup E würde ich sagen. Doris Soundso. **Ich hatte ihren Namen noch nie gehört**

Besaß Elvira vielleicht übersinnliche Kräfte?

und ihn dann erst einmal auch schnell wieder vergessen. Mein Mann versuchte mit vielen „Äh …“ und „Öhem …“ und „Tja, also …“ zu erklären, dass manche Rollen – laut Doris – es zwingend erfordern, dass man sie nackt spielt. „Ähem, ja, also, wegen der Realitätsnähe und so. Zu Hause geht auch niemand angezogen unter die Dusche, oder?“ Räusper, räusper. „Na ja, und niemand behält beim Sex die Unterwäsche an oder deckt sich bis obenhin mit der Bettdecke zu. Sagt Doris. Außerdem ist es eben, na ja, eine ganz besondere Ausdrucksweise des Körpers. Es würde sogar eine extreme, tja, also, sozusagen besondere Intimität zwischen Schauspieler und Zuschauer herbeiführen.“ **Die männlichen Gäste sahen Doris interessiert an**, die weiblichen wirkten etwas skeptisch.
Doris schaute meinen Mann mit ihren bergseeblauen Augen (gefärbte Kontaktlinsen?) bewundernd an.
Mein Mann schloss die Vorstellung seiner blonden 85-Cup-E-Tischnachbarin mit den Worten: „Nicht, dass ich besonders prüde wäre, aber ich habe heute von Doris gelernt, dass solche Szenen für die Handlung eines Films und für den Film als Ganzes eminent wichtig sind. Weil sie die Realität widerspiegeln. Ich werde sie also in Zukunft mit anderen Augen sehen.“
Meinte er jetzt Doris oder Filme mit Nacktszenen?
In der zweiten Runde wurde ich dann von Wilfried rechts von mir interviewt. Ein Gynäkologe mit schwarz gefärbten Haaren und manikürten Fingernägeln, der gerade Unterschriften für

Eine kochende und seelenvolle Karrierefrau.

seine fünfte Petition gegen Einführung der Frauenquote sammelte und einmal in der Woche Asylanten umsonst in seiner Praxis behandelt. Er stellte mich den anderen Gästen als „kochende und seelenvolle Karrierefrau“ vor, „deren Herz stärker für Buchstaben schlägt als das anderer Menschen. Conny liest viel, schreibt leidenschaftlich und spricht gern und oft über alle Themen, die ihr und unser Leben bestimmen.“ Und fuhr dann fort: „Was man zum Beispiel dagegen tun kann, dass Kleidung hier zu Billigstpreisen verkauft wird, die unter schlimmsten Bedingungen in der dritten Welt produziert wurde." Ja, das finde ich wichtig. Hoffentlich erwähnt er auch noch **meine Unterschriftensammlung zur Rettung der Wale.** Ich saß erwartungsfroh und etwas stolz da, als Wilfried fortfuhr: „Sie besitzt etwa 27 Kleider, rund 30 Paar Schuhe mit durch-

Wilfried gehört offensichtlich zu den stark engagierten Menschen.

schnittlich elf Zentimeter hohen Absätzen und hat von Karl Lagerfeld bis Mick Jagger viele Prominente interviewt. Ihre abgelegte Designerkleidung verkauft Conny in der Schweiz."
Oh mein Gott! Ich sah die ganze Zeit angestrengt auf meine zerknüllte Serviette und überlegte ernsthaft, eine Petition einzureichen, die besagt, dass Gynäkologen nur über ihr Fachgebiet reden dürfen. Wilfried holte tief Luft und fuhr dann fort: „Leider hat Conny sich geweigert, meine neue Kampagne ‚Stay sexy! Stop Shaving' zu unterstützen, mit der ich darum kämpfe, dass Frauen ihrem natürlichen Haarwachstum nicht länger mit Rasierern und Epilierern und heißem Wachs zu Leibe rücken."
Wilfried gehört offensichtlich zu den stark engagierten Menschen. Frauenquoten-Petition. Behaarungs-Kampagne ... „Körperhaare haben ihren Sinn!", verkündete er. „Unter den Achseln, an den Beinen und eben überall! Und sie sind sexy! Ich wünschte, Conny wäre meine Patientin!" **Sollte das eine Aufforderung sein?** Oder war das Wilfrieds Art, seine Sympathie auszudrücken? Ich konnte nicht länger überlegen, denn Elvira wollte gleich wissen, wie das mit den Designerklamotten und dem Verkauf in der Schweiz funktioniere.

Ach, vor einer Woche habe ich gelesen, dass Doris den Grimme-Preis als beste Schauspielerin bekommen hat und gerade für eine internationale Produktion vor der Kamera steht.
Wie gesagt, Rita kennt wirklich interessante Leute.

Safran-Toast mit Tomaten-Chutney und Mandarinen

Der Louboutin unter den gerösteten Brotscheiben

ZUTATEN FÜR CA. 8 STÜCK

1	Baguette
3	Eier
200 ml	Milch
1	Döschen Safranfäden (0,1 g)
	Salz
3–4 EL	Olivenöl
150 g	Crème fraîche
3 EL	Minzeblätter
200 g	Tomaten-Chutney (Fertigprodukt)
8	Mandarinenfilets (frisch oder aus der Dose)

ZUBEREITUNG

- Das Baguette in etwa fingerdicke Scheiben schneiden und auf dem Ofengitter im leicht geöffneten Backofen bei 100 °C etwa 30 Minuten trocknen lassen.
- Die Eier mit der Milch und dem Safran gut verquirlen, leicht mit Salz würzen. Die Brotscheiben mit der Eier-Safran-Milch-Mischung beträufeln, einziehen und auf einem Gitter abtropfen lassen. Das Olivenöl in einer Pfanne erhitzen und die Brotscheiben darin auf jeder Seite etwa 3 Minuten braten.
- Die Crème fraîche in einer Schüssel glatt rühren. Die Minzeblätter in feine Streifen schneiden.
- Den Safran-Toast jeweils mit etwas Tomaten-Chutney bestreichen, je einen Klecks Crème fraîche daraufgeben und mit je 1 Mandarinenfilet belegen. Mit den Minzeblättern garniert servieren.

Her damit!

Soll ich als Gastgeberin den Gästen ihren Mantel abnehmen? Nun ja, Sie können, aber Sie müssen und sollten das auch nicht tun. Ist meine Meinung. Ich mag es viel lieber, wenn ich irgendwo hinkomme und die Gastgeber zeigen mir, wo ich meine Sachen lassen kann – an einer Garderobe oder im Schlaf- oder Kinderzimmer.

Erstens kann ich dann ohne Hetze mein Telefon oder die Schlüssel aus dem Mantel nehmen. (Okay, das wissen wohl vor allem Männer zu schätzen. Ich aber auch, weil ich dann noch ratz, fatz nachschauen kann, ob nichts mehr in den Taschen ist, was nicht dahinein gehört.) **Zweitens** weiß ich dann später, wenn ich gehen möchte, wo ich meinen Mantel finde.

Exoten-Variante

Statt Mandarinenspalten Kumquats verwenden. Waschen, halbieren und auf dem Toast Platz nehmen lassen.

Das Mmmmmh!-Olivenbrot

Jetzt hat Bruschetta einfach mal Pause

ZUTATEN FÜR 4 PORTIONEN

250 g	Mehl
4	Eier
250 g	grüne und/oder schwarze Oliven (ohne Stein, aus dem Glas)
250 g	gekochter Schinken (klein geschnitten)
250 g	Greyerzer (fein gerieben)
200 ml	Olivenöl
200 ml	trockener Weißwein
2 EL	frisch gehackte Petersilie
je 2 EL	frisch gehackter Dill, Thymian und Salbei
	Salz
	Pfeffer aus der Mühle

ZUBEREITUNG

- Den Backofen auf 160 °C (Umluft) vorheizen. Alle vorbereiteten Zutaten in eine Schüssel geben und mit den Händen gut miteinander verkneten. Die Masse mit Salz und Pfeffer würzen.
- Eine rechteckige Back- oder Pastetenform (etwa 25 x 10 cm) mit Backpapier auslegen, die Masse hineinfüllen und gleichmäßig verteilen. Das Olivenbrot im Ofen auf der mittleren Schiene 45 bis 60 Minuten backen.
- Das Olivenbrot auskühlen lassen, aus der Form nehmen und Stück für Stück genießen.

Da ich es gerne knackig und krustig mag, nehme ich zusätzlich 2 EL frisch gehackte Petersilie, die ich vor dem Backen auf das Brot streue. Sehr lecker!!!

Machen Sie doch, was Sie wollen!

Für eine **exotische Alternative** empfehle ich statt der Oliven gehackte getrocknete Tomaten und je 2 EL frisch gehackten Koriander und Dill, je 2 EL frisch gehacktes Zitronengras, 2 EL Fenchelsamen sowie 100 g zerbröselten Feta-Käse.

Für **Vegetarier** füllt sich der Olivenkuchen mit 1 kleinen gehackten Zucchino, 1 kleinen geraspelten Möhre, 200 g gehackten Egerlingen und der abgeriebenen Schale von 1 Bio-Zitrone. Kräuter: siehe Grundrezept.

Sie mögen's deftig? 250 g gewürfelten und in der Pfanne ausgelassenen Bauchspeck, 100 g gedünstete Zwiebelwürfel, 2 gehackte, gedünstete Knoblauchzehen sowie 200 g gehackten, gedünsteten Weißkohl mit Mehl, Eiern, Käse, Olivenöl und Weißwein vermischen. Mit 2 EL frisch gehackter Petersilie, 2 EL frisch gehacktem Dill, Thymian und Salbei würzen.

Knusprige Käsezigarillos

Von der Hand in den Mund kann sooo lecker sein

ZUTATEN FÜR 6 BIS 8 STÜCK

125 g	reifer Parmesan (ohne Rinde)
1 EL	Maismehl
	Cayennepfeffer
3 EL	Olivenöl

ZUBEREITUNG

- Den Parmesan fein in eine Schüssel reiben. Mit dem Maismehl und 1 Prise Cayennepfeffer locker mischen. Eine beschichtete Pfanne mit Olivenöl ausstreichen und erhitzen. Die Pfanne vom Herd nehmen, mit einem Esslöffel je 2 Käsekreise hineinsetzen und auf dem Herd auf einer Seite goldbraun braten.
- Die Pfanne wieder vom Herd nehmen und die Käsekreise 2 Minuten ruhen und dabei nachbräunen lassen. Jeden weichen Käsekreis aus der Pfanne heben, locker aufrollen und auf Küchenpapier abkühlen lassen.
- Pfanne wieder auf den Herd stellen und wie oben beschrieben fortfahren.

Ziegenkäse-Croûtons mit Oliven

Fantasie, die aus dem Ofen kommt

ZUTATEN FÜR CA. 20 STÜCK

1	Rolle Ziegenfrischkäse (250 g)
100 g	schwarze Oliven (ohne Stein, aus dem Glas)
6	dickere Scheiben Weißbrot (sollten in den Toaster passen)
1 EL	getrockneter Thymian
	Salz
5 EL	Olivenöl
1	Bund Schnittlauch
2 TL	Sumach (siehe Tipp S. 44)

ZUBEREITUNG

- Den Backofen auf 220 °C (Umluft mit Oberhitze oder Backofengrill) vorheizen. Den Ziegenfrischkäse in 20 etwa 1 cm dicke Scheiben schneiden. Die Oliven klein schneiden. Das Weißbrot im Toaster rösten und aus den Scheiben mit einem Glas oder ähnlichem 20 Kreise (à 4 cm Durchmesser) ausstechen.
- Den Thymian und 1 Prise Salz mischen. Das Olivenöl in einer Pfanne erhitzen, die Brotscheiben darin auf jeder Seite anbraten und auf ein mit Backpapier ausgelegtes Bachblech setzen. Mit der Thymian-Salz-Mischung bestreuen, die Hälfte der Oliven darauf verteilen und mit dem Ziegenkäse belegen. Die Brote im Ofen auf der obersten Schiene 7 bis 10 Minuten goldbraun gratinieren.
- Den Schnittlauch waschen, trocken schütteln und in nicht zu kurze Röllchen schneiden. Mit den restlichen Oliven auf den Ziegenkäsecroûtons verteilen und mit Sumach bestreuen.

Lachswürfel im Blätterteignest mit Dip

Die möchten gern vernascht werden

ZUTATEN FÜR 8 STÜCK

	Für den Dip:
120 g	Kokosraspel
4 EL	Kokoscreme (aus der Dose, ungesüßt)
2 EL	Sahne
2	rote Chilischoten
1	Bio-Limette
	Saft von ½ Zitrone
1 EL	Olivenöl
2 TL	süßer Senf
1	Bund Koriander
	Für die Blätterteignester:
4	Scheiben TK-Blätterteig (à 75 g)
300 g	Lachsfilet (ohne Haut und Gräten)
1 EL	Whiskey
	Meersalz
	Pfeffer aus der Mühle
1 EL	getrockneter Thymian
½	Bund Schnittlauch (in Röllchen)

ZUBEREITUNG

- Für den Dip die Kokosraspel mit 4 EL Wasser, der Kokoscreme und der Sahne verrühren. Die Chilischoten längs halbieren, entkernen, kurz heiß waschen (nimmt einen Großteil der Schärfe) und in feine Streifen schneiden.
- Die Limette heiß waschen, trocken reiben und die Schale mit dem Zestenreißer in feinen Streifen abziehen. Den Zitronensaft mit dem Olivenöl und dem Senf verrühren und mit den Chilis und den Limettenzesten unter die Kokosmasse mischen. Den Koriander waschen, trocken schütteln, die Blätter abzupfen und hacken. Ebenfalls unter den Dip rühren.
- Für die Blätterteignester den Backofen auf 170 °C (Umluft oder 200 °C Ober- und Unterhitze) vorheizen. Die Blätterteigscheiben auf der Arbeitsfläche nebeneinander auftauen lassen. Aus den Platten jeweils zwei Kreise (à 9 cm Durchmesser) ausstechen, zum Beispiel mit einem Glas oder Deckel. Die Teigkreise auf ein kalt abgespültes Backblech setzen. Sie können sie aber auch einfach auf ein mit Backpapier ausgelegtes Backblech setzen.
- Den Lachs waschen, trocken tupfen und in Würfel (etwa 2 x 2 cm) schneiden. Vorsichtig mit dem Whiskey mischen und mit Salz, Pfeffer und dem Thymian würzen. Jeweils etwas der Lachsmasse mit einem Löffel in die Mitte der Blätterteigkreise setzen und im Ofen auf der mittleren Schiene etwa 15 Minuten backen. Die noch warmen Lachswürfel im Blätterteignest mit den Schnittlauchröllchen bestreuen und mit dem Dip servieren.

Warum sich Extra-Arbeit machen, wenn es auch einfach geht?

Lästige Fusselarbeit, brennende Augen und scharf riechende Finger kann man sich ersparen, wenn man frische Chilischoten einfach durch die getrocknete und zerkleinerte Variante ersetzt. Ich mache das schon seit Jahren. Also: ausprobieren und bei allen Rezepten dran denken!

PS: 1 frische Chilischote entspricht etwa ½ bis ¾ TL getrocknetem Chili.

Das Gute daran ist das Gute darin!

Sie mögen keinen Lachs? Macht nichts. Sie können jeden anderen Fisch verwenden. Oder klein geschnittenes und kurz angebratenes Hähnchenbrustfilet. Oder in Sesam gewälzten Tofu (dann den Whiskey weglassen). Oder Gemüse-Duette – aus zum Beispiel Karotten und Zucchini (beides mit dem Sparschäler in hauchdünne Scheiben geschnitten) oder Frühlingszwiebeln (in feinen Röllchen) und Fenchel (hauchdünn geschnitten). Oder geriebenen Greyerzer und getrocknete Tomaten.

Pesto-Toast mit Forelle und Kapuzinerblüten

Ein Bild von einem Snack!

ZUTATEN FÜR 12 STÜCK

6	Scheiben Sandwichtoastbrot
12 TL	Pesto Genovese (Fertigprodukt)
1 EL	geriebener Parmesan (Fertigprodukt)
	etwas Zitronensaft
2	geräucherte Forellenfilets (Fertigprodukt, aus dem Kühlregal)
50 g	saure Sahne
12	Kapuzinerkresseblüten

ZUBEREITUNG

- Die Toastbrotscheiben im Toaster hell rösten und aus jeder Scheibe zwei Kreise (à 4 bis 5cm Durchmesser) ausstechen, beispielsweise mit einem Glas.
- Das Pesto mit dem Parmesan in einer kleinen Schüssel verrühren und mit dem Zitronensaft abschmecken.
- Die Forellenfilets in 12 kleine Stücke schneiden.
- Die Toastbrotkreise mit dem angerührten Pesto bestreichen, auf jede Scheibe 1 Klecks saure Sahne setzen und mit je 1 Stück Forelle belegen. Zum Garnieren jeweils 1 Kapuzinerkresseblüte daraufsetzen.

Hier blüht Ihnen noch mehr

Im Geschmack erinnert Kapuzinerkresse etwas an Brunnenkresse, sieht aber natürlich viiiel schöner aus! Die Blüten sind etwas milder als die grünen Blätter und somit auch perfekt geeignet, wenn Sie einen Appetizer oder eine Nachspeise üppig wie ein Georgia-O'Keefe-Bild arrangieren wollen.

Bei diesem Snack bietet es sich an, ihn auf einem Bett von Gartenblümchen zu servieren. Dazu brauchen Sie: 2 Servierplatten aus Glas, eine muss größer sein. Die kleinere sollte auf kleinen Füßchen stehen. Frischhaltefolie von der Rolle.

Die größere Glasplatte dicht mit Gänseblümchen oder grünen Blättern aus dem Garten (bzw. dem Blumengeschäft) belegen und gaaaanz fest mit der Frischhaltefolie umwickeln, so dass kein Blatt mehr verrutschen kann. Die kleinere Glasplatte daraufsetzen und die Pesto-Toasts darauf arrangieren.

Schafskäse-Speck-Tarteletts mit Pistazien

Vorsicht: mit hohem Suchtpotenzial

ZUTATEN FÜR 12 STÜCK

3 EL	Butter
3	Blätter Filo- bzw. Yufkateig (Fertigprodukt, aus dem Kühlregal, 30 x 40 cm)
1	Stange Lauch
	Salz
80 g	Schafskäse
½	Bund Petersilie
3 EL	Crème fraîche
2 EL	Speckwürfel
	Pfeffer aus der Mühle
	Paprikapulver (edelsüß)
2 EL	Pistazien (gehackt)

ZUBEREITUNG

- Den Backofen auf 200 °C (Umluft 180 °C) vorheizen. 2 EL Butter zerlassen. Die Teigblätter nebeneinander auf die Arbeitsfläche legen und mit der Butter bestreichen. Aus den Teigblättern 24 Quadrate à etwa 7 cm Kantenlänge schneiden und jeweils 2 Quadrate – mit der gebutterten Seite nach unten – so übereinanderlegen, dass sie einen Stern bilden. Die Teigsterne mit der gebutterten Seite nach unten in eine Mini-Muffinform drücken, sodass die Kanten oben überstehen.
- Den Lauch putzen, dabei den dunkelgrünen Teil entfernen. Den Rest halbieren, waschen und abtropfen lassen. Den Lauch in sehr feine Streifen schneiden. Mit der restlichen Butter sowie 4 EL Wasser und etwas Salz in einen Topf geben und zugedeckt bei mittlerer Hitze etwa 10 Minuten dünsten. Den Lauch abgießen und abtropfen lassen.
- Den Schafskäse zerbröseln. Die Petersilie waschen, trocken schütteln, die Blätter abzupfen und fein hacken. Den Lauch mit der Crème fraîche, dem Schafskäse, den Speckwürfeln sowie der Petersilie verrühren und alles mit Pfeffer und 1 Prise Paprikapulver würzen. Die Mischung mit einem Löffel auf die Teigförmchen verteilen, jeweils mit Pistazien bestreuen und im Ofen auf der mittleren Schiene 5 bis 6 Minuten goldbraun backen.

Praktisch meets hübsch

Schauen Sie im Supermarkt in der Backabteilung vorbei. Dort finden Sie garantiert Packungen mit Papierförmchen für Mini-Muffins. Zuerst die Förmchen in die Mulden stellen und dann die kleinen Tartelett-Blätter hineinsetzen. Sieht appetitlich aus und die Gäste behalten saubere Hände. Am hübschesten sind Papierförmchen in hellem Grün oder elegantem Creme. Wenn Sie ausschließlich Freundinnen eingeladen haben: Papierförmchen in Softeisrosa, Pistaziengrün, in Himbeer, Kiwi und Vanille verwenden!

Zucchini-Kartoffel-Tortilla

Häppchenweise Glück

ZUTATEN FÜR 8 STÜCKE

600 g	festkochende Kartoffeln
250 g	Zwiebeln
1	Lorbeerblatt
600 ml	Gemüsebrühe
½	Bund Petersilie
300 g	Zucchini
6	Eier
2	Knoblauchzehen
2 EL	getrockneter Thymian
	Salz
2 TL	getrocknete Chiliflocken
3 EL	Olivenöl
6–8	Zweige Thymian

ZUBEREITUNG

- Die Kartoffeln schälen, waschen und in knapp 2 cm große Stücke schneiden. Die Zwiebeln schälen und grob hacken. Beides mit dem Lorbeerblatt in einen Topf geben, die Brühe dazugießen und die Kartoffeln darin auf dem Herd bissfest garen. Abgießen, abkühlen lassen und das Lorbeerblatt entfernen.
- Die Petersilie waschen, trocken tupfen und fein hacken. Die Zucchini putzen, waschen und auf der Gemüsereibe grob raspeln. Die Zucchini in einer Schüssel mit den Eiern verrühren. Den Knoblauch schälen und dazupressen. Die Eiermischung mit Thymian, Petersilie, Salz und Chiliflocken würzen. Die Kartoffeln und Zwiebeln untermischen.
- Den Ofen auf 200 °C (Umluft 170 °C) vorheizen. Das Olivenöl in einer ofenfesten Pfanne erhitzen, die Tortillamasse in die Pfanne geben und darin bei mittlerer Hitze etwa 3 Minuten stocken lassen. Dabei nicht umrühren!
- Dann die Tortilla in der Pfanne im Ofen auf der zweiten Schiene von unten 20 Minuten backen (evtl. den Pfannenstiel mit Alufolie umwickeln, um ihn vor Hitze zu schützen).

Die Tortilla auskühlen lassen (am besten auf einem Gitter), in mundgerechte Stücke schneiden und mit den Thymianzweigen garniert anrichten.

Let's Dip!

Stellen Sie kleine **Schälchen mit Dip-Saucen** (Fertigprodukte) dazu – wie Remouladensauce, Kräutersauce, Aioli, Mango-Chutney, Senfsauce oder Tomaten-Chutney. Sieht hübsch aus und verleiht der traditionellen Tortilla eine neue Geschmacksvariante.

In die Tortillastückchen bunte Cocktailsticks piksen, damit man sie vernaschen kann, ohne dass Spuren an den Fingern zurückbleiben. Aber bitte nicht diese kleinen Zahnstocher aus Holz! Bunte Plastikspieße gehen natürlich, aber ich finde, für den **„Das sieht ja toll aus!"-Effekt** lohnt es sich, einzelne, nicht zu kurze (!) und nicht zu dünne (!) **Rosmarinzweige als Sticks** zu nehmen. Dafür einfach das untere Drittel der Stängel von den Nadeln befreien.

It's all about Retro!

Blinis mit Kaviar und Crème fraîche gehörten zu den Vorspeisen-Klassikern der Haute Cuisine. Leider gerieten sie dann etwas in Vergessenheit. Mit dem aktuellen Trend „Retro Look“ sind nicht nur Nierentische, Tüten-Lampen und kühle Softeisfarben in unser Leben zurückgekehrt, sondern eben auch die kleine feine Leckerei mit den Mini-Pfannkuchen und der appetitlichen Haube. Traditionell trinkt man dazu Champagner.

PS – Falls Sie mal gefragt werden sollten: Bliný (westeuropäisiert eben Blini) sprechen die Russen mit der Betonung auf der letzten Silbe aus.

Der kleine Unterschied macht den Preis …

… (und den Geschmack). Den teuersten **echten Kaviar** liefert der seltene **Belugastör**. Der ist bis zu vier Meter lang. Die Kaviarkugeln vom Beluga sind besonders groß. Zum echten Kaviar zählen ebenso die Rogen vom **Ossietrastör**. Die Eier sind kleiner als die vom Beluga, aber begehrt – und zeichnen sich durch einen nussigen Geschmack aus.

Die kleinste Störart ist der **Sevruga**. Sein Kaviar ist klein und dünnschalig und empfindlich. Kenner schätzen ihn für sein würziges und recht kräftiges Aroma. Der preiswerteste echte Kaviar ist der sogenannte **Presskaviar**. Der ist allerdings von mangelnder Qualität – davon lieber die Hände lassen. Guten und köstlichen Kaviar servieren und dann bei der Hauptspeise sparen? **Zuchtkaviar** stammt auch vom Stör. Allerdings von Exemplaren, die in einer Zucht aufgezogen werden. Wie der Name schon sagt!

Blinis mit Räucherlachs, Kaviar und Crème-fraîche-Häubchen

Genuss auf die feine Art

ZUTATEN FÜR 12 STÜCK

12	Blinis (Fertigprodukt, aus dem Kühlregal)
8	Scheiben Räucherlachs
100 g	Kaviar
1	Becher Crème fraîche

ZUBEREITUNG

- Die Blinis im Toaster 1 Minute rösten oder im auf 175 °C vorgeheizten Backofen 5 Minuten erwärmen. Sie können sie auch kurz in einer beschichteten Pfanne erhitzen. Den Räucherlachs in Stücke schneiden.
- Jeweils etwas Kaviar auf die Blinis geben, darauf jeweils etwas Räucherlachs und 1 Klecks Crème fraîche setzen.

Selbst gemachte Kartoffelchips

Chips? Das sind Gaumenverführer in delikater Begleitung!

ZUTATEN FÜR 4 PORTIONEN

400 g	festkochende Kartoffeln
	Salz
	Pfeffer aus der Mühle
2 TL	Paprikapulver (edelsüß)
½ TL	Muskatnuss (am besten frisch gerieben, Pulver geht aber auch)
1 EL	getrockneter Rosmarin

ZUBEREITUNG

- Den Backofen auf 170 °C (Umluft) vorheizen. Die Kartoffeln schälen und auf der Küchenreibe in feine Scheiben hobeln. Die Kartoffelscheiben mit kaltem Wasser waschen, auf einem Sieb gut abtropfen lassen und auf einem Küchentuch kurz antrocknen lassen.
- Das Ofengitter mit Backpapier auslegen und die Kartoffelscheiben darauf verteilen, sie sollten sich nicht berühren. Die Kartoffelchips im Ofen auf der mittleren Schiene etwa 10 Minuten backen.
- Etwas Salz und Pfeffer mit Paprikapulver, Muskatnuss und Rosmarin in einer kleinen Schüssel mischen. Die Chips aus dem Ofen nehmen (auch wenn sie in der Mitte noch nicht ganz knusprig sind, denn sie werden beim Abkühlen noch fester) und sofort mit der Gewürzmischung bestreuen.

Knusper-Oliven

Die halten, was sie versprechen

ZUTATEN FÜR 18 STÜCK

50 g	gemahlene Mandeln
2 EL	Weißbrotbrösel
50 g	Mehl
1	Ei
200 ml	trockener Weißwein
	Salz
	Pfeffer aus der Mühle
½ l	Olivenöl
18	grüne Oliven (ohne Stein, aus dem Glas)
ca. 18	Holzspieße

ZUBEREITUNG

- Die Mandeln mit Weißbrotbröseln, Mehl und Ei in einer Schüssel verrühren, den Weißwein untermischen. Die Mischung mit Salz und Pfeffer würzen.
- Das Olivenöl in einem hohen Topf erhitzen. Jeweils 1 bis maximal 2 Oliven auf lange Holzspieße stecken, in der Mandelmischung wenden und im heißen Öl 4 bis 5 Minuten goldgelb ausbacken. Die Spieße in ein hohes Glas stellen. Fertig!

Mischen possible! Statt gemahlener Mandeln können Sie auch gemahlene Haselnüsse, gewürzt mit Kräutern der Provence, verwenden oder eine Mischung aus Semmelbröseln mit italienischen Kräutern oder einen Mix aus Semmelbröseln und Sesamsamen.

Melonenwürfel mit Scampi am Spieß

Dagegen sehen Schaschlikspieße ganz schön alt aus

ZUTATEN FÜR 4 PORTIONEN

12	Scampi (ohne Schale, küchenfertig)
2	rote Chilischoten
1	Knoblauchzehe
1 EL	Olivenöl
	Salz
	etwas Zitronensaft
2	kleine Charentaismelonen (oder Cantaloupe)
2 EL	Mandelblättchen
12	lange Holzspieße
2 EL	frisch gehacktes Basilikum
2 EL	frisch gehackte Minze

ZUBEREITUNG

- Die Scampi waschen und gut abtropfen lassen. Die Chilischoten längs halbieren, entkernen, waschen und in feine Ringe schneiden. Den Knoblauch schälen und fein hacken.
- Das Olivenöl mit Chili und Knoblauch mischen und in einer Pfanne erhitzen, die Scampi darin etwa 2 Minuten braten. Mit Salz würzen und mit etwas Zitronensaft beträufeln.
- Die Melonen halbieren, entkernen, schälen und in mundgerechte Würfel schneiden. Mandelblättchen in einer beschichteten Pfanne ohne Fett rösten.
- Je 1 Scampi mit je 2 Melonenwürfeln auf einen langen Holzspieß stecken und die Spieße mit Basilikum, Minze sowie den Mandelblättchen anrichten.

Bestens aufgelegt

Die Melonen-Scampi-Spieße zeigen sich zwar gern auf einem weißen Teller, aber noch lieber auf einem saftig grünen Bananenblatt. Die gibt es in Feinkostgeschäften und auch in Online Shops.

Es geht auch ohne Scampi ...

Statt der Scampi können Sie auch 500 g Halloumikäse verwenden. Einfach in der Grillpfanne schön braun anbraten, mit fein gehackten Thymianblättchen bestreuen, in mundgerechte Stücke schneiden und mit den Melonenwürfeln aufspießen.

Take your seats please

Vorspeisen

Salate S. 38 Suppen S. 50

Eine Essenseinladung ohne Vorspeise, das ist wie Sommer ohne Sonne oder wie Advent ohne Zimtsterne. Und sie ist entscheidend für das ganze Menü. Ist sie zu üppig, stochern die Gäste nur noch lustlos im Hauptgericht herum. Und wer heute noch grünen Salat mit ein paar Tomatenscheiben und Fertig-Dressing aus dem Glas serviert, hinterlässt nichts als Langeweile. Nein, da gibt es auch für ein paar drübergestreute Croûtons aus der Packung keinen Bonus-Punkt.

Meine Freundin Elke meint ja: Die Vorspeise kann man mit dem Vorspiel beim Sex gleichsetzen. „Wenn das nicht klappt, kann man den Rest auch gleich vergessen." So Elke.

Elke ist von Beruf aus neugierig, sie arbeitet als Journalistin und ist bekennende Katastrophen-Theoretikerin. Genauso betrachtet sie auch die Liebe und die Männer – rein wissenschaftlich und eben eher theoretisch. Und manchmal auch unter eher negativen Aspekten.

Als ich ihr von diesem Buch erzählte, war sie sofort begeistert. „Du MUSST über meine These schreiben. Bitte, bitte. Das finden deine Leserinnen garantiert spannend. Und – ich meine – irgendwie sind meine Erkenntnisse doch eine GANZ GROSSE Lebenshilfe. Das weiß man doch gleich, von welchem Typ Mann man lieber die Finger lassen sollte. Glaub mir, ich weiß, wovon ich rede. Oder willst du, dass deine Leserinnen in ihr Unglück rennen?"

Nein, natürlich nicht. Deshalb löse ich hier mein Versprechen ein, das ich Elke gegeben habe: Ich erzähle Ihnen, was eine Vorspeise – **ich betone**: laut Elke! – mit einem Mann und dem Vorspiel und dem Sex zu tun hat.

Die Vorspeise kann man mit dem Vorspiel beim Sex gleichsetzen.

Tomate mit Mozzarella und Basilikum: Ein Mann, der sich diese Vorspeise bestellt (oder sie seinen Gästen serviert), wirkt auf den ersten Blick – so behauptet Elke – jungenhaft, fast wie ein tapsiger Welpe, den man knuddeln und gar nicht wieder loslassen möchte. Er könne zauberhaft lächeln, sei ein interessanter Erzähler, prahle allerdings auch gern – so sagt Elke – mit seinen Kenntnissen und Stärken. „Aber noch bevor das Vorspiel losgeht, lässt er erst einmal die Jalousien runter und schließt die Fenster. Wenn man Glück hat, brennt wenigstens die kleine Nachttischlampe mit Tütenschirm neben dem Bett. Er mag's nicht bei Licht", so Elke. „Er kommt gar nicht auf den Gedanken, dich auszuziehen. Er erwartet, dass du das alleine erledigst. Und wenn beide nackt im Bett landen, dann läuft's genauso wie damals in den ‚Helga'-Filmen. Wer's mag ... "

Gut möglich, dass der Sex aufregend beginnt, aber dann ...

Männer, die Feldsalat mit Speck bevorzugen, kategorisiert Elke so: „Der Mann gehört zum Typus Naturbursche. Mit ziemlicher Sicherheit fährt er ein Cabrio und hat mindestens fünf Jeans im Schrank, alle im klassischen Schnitt. Nix destroyed oder so." Dazu trage er gern weiße Hemden und einen Pulli, vorzugsweise lässig um die Schultern geschlungen. „Gut möglich, dass der Sex mit ihm aufregend beginnt und gewisse Erwartungen auf Abenteuer oder gar Überraschungen weckt, die er dann aber nicht erfüllen kann." Sagt Elke. Was daran liege, dass er nicht richtig aus sich herausgehen könne, weil er sich die ganze Zeit über am liebsten im Spiegel kontrollieren möchte, ob er „dabei" auch gut aussehe. „Das ist wie mit dem Speck auf dem Feldsalat – zuerst ist er knackig, aber wenn er erst einmal mit dem Salat und dem Dressing in Berührung kommt, wird alles ziemlich schnell lasch und fad."

Ich möchte nur noch mal darauf hinweisen: Ich wiederhole hier nur, was Elke gesagt hat!
An dritter Stelle auf ihrer Liste „Sage mir, welche Vorspeise du isst, und ich sage dir, wie der Sex mit dir ist" steht der Mann, der ein Essen mit einer Bouillon beginnt. „Er wirkt ein bisschen schusselig, das gestreifte, erdfarbene Hemd leicht zerknittert, entweder trägt er eine zu

weite Jeans oder eine Gabardinehose, die er schon seit 15 Jahren besitzt. Von Beruf ist er", erklärt Elke, „Wissenschaftler, arbeitet an der Uni oder macht irgendwas Künstlerisches, bemalt von Hand Kacheln oder so was." Hört sich doch nicht schlecht an? „Jaaaa! Der hält einer Frau im Restaurant auch die Tür auf und hilft ihr zu Hause bei sich aus dem Mantel."

Er fragt dauernd, ob er's richtig macht …

Ist doch nett! „Tjaaa, bei schummrigstem Kerzenlicht versucht er, dir deine Bluse über den Kopf zu ziehen, anstatt die Knöpfe zu öffnen, stößt dabei das Rotweinglas um, sodass der Wein in deine teure Tasche anstatt in deine Kehle läuft, und wenn er dich endlich ausgezogen hat, hast du überall blaue Flecke." Und dann? „Am besten bereitet man sich schon beim Vorspiel – das übrigens mit ihm absolut gar nichts mit einem Spiel zu tun hat – darauf vor, einen Orgasmus vorzutäuschen." Wie bitte? „Solche Männer sind unsicher, naiv und aufgeregt und machen alles falsch, weil sie alles richtig machen wollen. Und sie sind stumm wie ein Fisch beim Sex!"

Gefüllte Eier – ich dachte, sie seien als Vorspeise längst aus der Mode gekommen, aber Elke behauptet, es gebe immer noch Männer, die mit Senf-Mayonnaise, Forellenkaviar oder Lachsstreifen gefüllte Eier lieben. Ich kenne keinen, aber Elke muss offensichtlich mehrere entsprechende Erfahrungen gemacht haben. Und angeblich sei diese Vorspeise wieder sehr beliebt. Also, Elke sagt: „Anzugträger. Arbeitet bei einer Bank oder Versicherung. Kann aber auch Mediziner sein. Eher der nachdenkliche Typ. Guter Zuhörer. Hat schöne, gepflegte Hände. Sucht den Körperkontakt, ohne aufdringlich zu sein. Und das ist irgendwie sein gesamtes Problem beim Sex – er guckt dir dauernd in die Augen und fragt, ob es so richtig ist, ob er das richtig macht oder es lieber so oder anders machen soll. Vor lauter Fragerei und Antworterei vergeht dir echt die Lust." Elke weiß das aus vielen Interviews und Gesprächen mit Frauen, und die wollen alle in Zukunft darauf verzichten. „Zu wenig Temperament, keine Leidenschaft …"

Elkes letzte Kategorie ist Shrimps-Cocktail mit Ananas oder Mandarinen: „Den letzten Urlaub hat er wahrscheinlich – zum soundsovielten Mal – in einem Robinson-Club verbracht. Zwischendurch fliegt er gern auch mal für eine knappe Woche nach Ibiza. Chillen. Strand. Disco. BBQ auf der Terrasse des Apartments, das er mit zwei Freunden gemietet hat." Er kenne alle „James Bond"-Filme und Daniel Craig sei sein Favorit, ganz knapp vor Pierce Brosnan. „In Sachen Sex hat er sich einiges bei 007 abgeschaut." Das könnte also interessant werden? „Tja, sollte man meinen. Er löst zwar in Rekordzeit einen BH-Verschluss und ist auch mehr als aufgeschlossen für Erlebnisse in freier Natur, außerdem ist er bewandert in der weiblichen Anatomie – aber theoretisches Wissen allein führt eben noch nicht zum Höhepunkt." Oh ... „Weißt du, Temperament, Leidenschaft, Fantasie, das ist es, was ihm fehlt. Bei ihm ist alles Methode. Gelernt, aber nicht gekonnt." So ein Mann würde gern auf Abenteuertouren gehen, aber nur mit dem neuesten GPS-Sender und allzeit funktionierendem WLAN.

Aber welche Vorspeise deutet bitte auf einen Mann hin, mit dem der Sex wirklich toll sein wird? Auf einen Mann, dem man auf einer Liste von 1 bis 100 am nächsten Morgen eine glatte 110 geben würde? Auf einen Mann, bei dem so abgedroschene Worte wie „leidenschaftlich", „absolut heiß", „unvergesslich" und „einfach fantastisch!" eine ganz neue Bedeutung bekommen. Elke sagt, in diese Richtung habe sie ihre empirische Forschung noch nicht ausgedehnt. Aber sie arbeite dran.

Weiß zufällig irgendjemand da draußen, was James Bond als Vorspeise bevorzugt? Bitte eine kurze Nachricht an mich.

Mein Mann bevorzugt grünen Spargel mit Erdbeeren und Mozzarella (nächste Seite). Ich muss Elke unbedingt fragen, was das über ihn aussagt!

Weiß zufällig irgendjemand da draußen, was James Bond als Vorspeise bevorzugt?

Salate

Grüner Spargel mit Mozzarella und Erdbeeren

Erst staunen – dann genießen

ZUTATEN FÜR 4 PORTIONEN

500 g	grüner Spargel
	Salz
1 TL	Zucker
1 TL	Butter
2	Kugeln Büffelmozzarella (à 125 g)
250 g	Erdbeeren
1 TL	Zitronensaft
2 EL	Balsamico bianco
	Pfeffer aus der Mühle
4 EL	Olivenöl (oder Haselnuss- oder Macadamianussöl)
½	Bund Minze

ZUBEREITUNG

- Den Spargel waschen und holzige Enden entfernen. Den Spargel abtropfen lassen und in 8 bis 10 cm lange Stücke schneiden. In einem Topf etwas Salzwasser mit dem Zucker und der Butter zum Kochen bringen und den Spargel darin etwa 8 Minuten garen. Auf einem Sieb abtropfen lassen. Alternativ können Sie den Spargel auch in einer Pfanne in etwas Fett bei starker Hitze etwa 5 Minuten braten.
- Den Mozzarella abtropfen lassen, mit Küchenpapier trocken tupfen und in etwa 2 cm dicke Scheiben schneiden. Die Erdbeeren waschen, putzen und abtropfen lassen, je nach Größe halbieren oder ganz lassen.
- Den Zitronensaft mit dem Essig vermischen und mit Salz und Pfeffer abschmecken, das Öl unterrühren.
- Die Minze waschen, trocken schütteln, die Blätter abzupfen und grob hacken.

Den Spargel mit dem Mozzarella und den Erdbeeren auf Tellern anrichten und mit der Vinaigrette beträufeln. Mit Minze garniert servieren.

Auch im Winter Lust auf ein Trio geniale?

Dann nehmen Sie doch einfach 500 g Chicorée und 250 g Orangenfilets plus 250 g in Scheiben geschnittenen Ziegenkäse. Vom Chicorée die äußeren Blätter ablösen und den Strunk abschneiden. Die einzelnen Blätter mit der Marinade aus dem Rezept vermischen und mit den Orangenfilets und dem Ziegenkäse auf Teller verteilen. Mit etwas Zitronensaft beträufeln und mit 3 EL gehackten Walnüssen bestreuen.

Melone mit Flusskrebsen und Sellerie

Alles andere als gewöhnlich

ZUTATEN FÜR 4 PORTIONEN

2	Ogen-Melonen
24	Flusskrebse (ausgelöst, in Salzlake)
1	Stange Staudensellerie (mit Blättern)
200 g	Mayonnaise
2 EL	Tomatenketchup
2 EL	Grand Marnier (franz. Orangenlikör)
	Salz
	Cayennepfeffer
2 EL	Orangensaft
1 EL	Zitronensaft
2 EL	geschlagene Sahne
1	rote Chilischote

ZUBEREITUNG

- Die Melonen halbieren und die Kerne mit einem Löffel entfernen. Das Fruchtfleisch mit einem Kugelausstecher herauslösen. Die Flusskrebse waschen und gut abtropfen lassen. Den Staudensellerie putzen, waschen und in dünne Scheiben schneiden, die Blätter für die Deko beiseitelegen.
- Die Mayonnaise in einer Schüssel mit dem Ketchup und dem Grand Marnier verrühren, mit Salz, Cayennepfeffer, Orangen- und Zitronensaft abschmecken. Die geschlagene Sahne unterrühren.
- Die Chilischote längs halbieren, entkernen, waschen und in feine Streifen schneiden. Dabei am besten Einweghandschuhe tragen!

Melonenkugeln, Flusskrebse und Staudensellerie mit der Sauce mischen, auf Tellern anrichten und mit den Sellerieblättern garnieren. Mit Chiliringen garniert anrichten.

Wenn's ganz einfach sein und super toll aussehen soll

... fragen Sie Ihren Fischhändler oder im Fischgeschäft, ob Sie einige ausgelöste Scheren und Schwänze von Flusskrebsen bekommen können. Die machen sich als Deko toll auf dem Teller oder auf dem Salat und sorgen für ein **Das-sieht-ja-toll-aus!-Feeling.**

Wenn's ganz einfach sein soll

... sparen Sie sich die Sauce und nehmen eine Cocktailsauce aus dem Glas, die Sie mit Grand Marnier, Cayennepfeffer und Zitronensaft aufpeppen.

Zuckerschoten-Salat mit Orangensauce und Mandeln

Das ist ja köstlich! Und so schnell fertig

ZUTATEN FÜR 4 PORTIONEN

2	Schalotten
400 g	Zuckerschoten
ca. 2 cm	Ingwer
500 g	Möhren
2 EL	Butter
	Saft von 1 Orange
	Salz
	Pfeffer aus der Mühle
½ TL	Zimtpulver
1 TL	gemahlener Kreuzkümmel
1 EL	Orangenlikör
3 EL	Mandelstifte
2 EL	Gartenkresse (aus dem Kästchen)

ZUBEREITUNG

- Die Schalotten schälen und in feine Würfel schneiden. Die Zuckerschoten putzen, waschen und abtropfen lassen. Den Ingwer schälen und fein hacken. Die Möhren putzen, schälen und anschließend mit dem Sparschäler in dünne Streifen schneiden. Am besten die Streifen erst von einer Seite und dann von der gegenüberliegenden Seite abschälen.
- Die Schalotten, die Zuckerschoten, den Ingwer und die Möhrenstreifen in einer Pfanne in der Butter andünsten. Mit dem Orangensaft ablöschen, mit Salz und Pfeffer würzen und mit Zimt und Kreuzkümmel abschmecken. Das Gemüse 2 Minuten dünsten. Orangenlikör hinzufügen und nochmals abschmecken.
- Die Mandeln in einer beschichteten Pfanne ohne Fett rösten. Die Kresse vom Beet schneiden, abbrausen und trocken tupfen.

Den Salat mit der Sauce auf Tellern anrichten und mit den Mandeln und der Kresse bestreuen.

Geschmack wie aus 1001 Nacht!

Dazu passt am besten orientalisches Fladenbrot. Das gibt es in vielen Supermärkten auch abgepackt zum Selberaufbacken zu Hause. Ich habe davon meistens einen Vorrat im Tiefkühler und bestreue die Fladenbrote vor dem Fertigbacken mit Bockshornkleesaat oder Anissamen. Lecker hoch drei!

Radicchio mit Pflaumen, Gorgonzola und Walnüssen

„Mamma mia! Delizioso!", würde der Italiener sagen

ZUTATEN FÜR 4 PORTIONEN

8	Pflaumen
3	getrocknete Tomaten
6 EL	Rotwein (z.B. Merlot)
2	Gewürznelken
1	Sternanis
1	Pimentkorn
2 EL	Himbeeressig
3 EL	Walnuss- oder Haselnussöl
	Salz
	Pfeffer aus der Mühle
1	Kopf Radicchio
150 g	Gorgonzola (oder Roquefort, wenn Sie es lieber mit etwas weniger Kalorien möchten)
12	Walnusskerne

ZUBEREITUNG

- Die Pflaumen waschen, halbieren und entsteinen. Die Tomaten in dünne Streifen schneiden. Den Wein, die Nelken, den Sternanis und den Piment in einem Topf erhitzen. Pflaumen und Tomaten dazugeben und etwa 3 Minuten leicht köcheln lassen. Anschließend zugedeckt abkühlen lassen.
- Vom Kochsud 2 EL abnehmen und mit dem Essig und dem Öl mit dem Schneebesen verquirlen. Die Vinaigrette mit Salz und Pfeffer abschmecken.
- Den Radicchio putzen, waschen, abtropfen lassen und in mundgerechte Stücke schneiden. Den Käse zerbröckeln oder mit dem Messer klein schneiden. (Das geht am besten, wenn der Käse kalt ist.)
- Den Radicchio auf Teller verteilen und die Pflaumen-Tomaten-Mischung dazu anrichten. Den Käse darauf verteilen und den Salat mit den Walnüssen bestreut servieren.

Das kann ja passieren:

Es gibt gerade keinen frischen Pflaumen ...

... Sie können genauso gut getrocknete Pflaumen ohne Stein verwenden. Die würde ich aber mindestens 20 Minuten in der Marinade schwimmen lassen. Oder auch getrocknete Aprikosen. Schmeckt genauso köstlich zum Radicchio und dem Käse!

Das kann ja passieren 2:

Es ist gerade Weihnachtszeit ...

... dann dekorieren Sie die Teller mit vielen Sternanis (oder heißt es Sternanissen?) und je 1 Zimtstange.

Spinat-Apfel-Salat mit Hähnchen und Minze

Das schmeckt nach Urlaub

ZUTATEN FÜR 4 PORTIONEN

	Für das Hähnchen:
2 EL	helle Sesamsamen
ca. 3 cm	Ingwer
1	Knoblauchzehe
3	Hähnchenbrustfilets (à ca. 150 g)
½ l	Hühnerbrühe
	Salz
	Für den Salat:
750 g	frischer Blattspinat
1	Apfel
1	Bund Minze
180 g	Buttermilch
2 EL	Zitronensaft
125 g	Ziegenfrischkäse
1 EL	Sumach (siehe Tipp unten)

ZUBEREITUNG

- Für das Hähnchen die Sesamsamen in einer beschichteten Pfanne kurz rösten. Den Ingwer schälen und in Scheiben schneiden. Den Knoblauch schälen und grob hacken.
- Die Hähnchenbrustfilets waschen, trocken tupfen und eventuell von Sehnen und Häuten befreien. Die Brühe in einer tiefen Pfanne erhitzen, den Knoblauch und den Ingwer hinzufügen und alles zum Kochem bringen. Die Hähnchenbrustfilets in die köchelnde Brühe geben und darin zugedeckt etwa 15 Minuten garen. Die Hähnchenbrustfilets herausnehmen, kurz abkühlen lassen und in den Sesamsamen wenden. Mit Salz würzen.
- Für den Salat den Spinat verlesen und waschen, dabei grobe Stiele entfernen. Auf einem Sieb gut abtropfen lassen. Den Apfel waschen, vierteln, entkernen und fein hobeln. Die Minze waschen, trocken schütteln, die Blätter abzupfen und grob hacken.
- Die Buttermilch mit dem Zitronensaft in einer Schüssel verrühren und Spinat, Apfel und Minze mit der Marinade mischen. Den Salat auf Teller verteilen.
- Das Sesam-Hähnchen in mundgerechte Scheiben schneiden und auf dem Salat anrichten. Den Ziegenfrischkäse zerbröseln und darauf verteilen. Mit dem Sumach bestreut servieren.

Warum brauche ich Sumach und was ist das eigentlich?

Das Gewürz wird aus den roten Steinfrüchten der Sumachpflanze gewonnen. Erst getrocknet und dann geschrotet oder gemahlen. Ich habe Sumach durch den Koch Yotam Ottolenghi kennengelernt. Und war sofort begeistert. Es schmeckt säuerlich-frisch und sieht einfach gut aus, wenn man es als Topping über Gerichte streut. Wie hier beim Spinat-Apfel-Salat. Der grüne Spinat und die grüne Minze, die hellen Apfelscheiben und das helle Hähnchen und dann noch der weiße Ziegenfrischkäse – da fehlt ein roter Hingucker!

Der Trumpf aus der Dose

PS: Sumach ist eine geniale Alternative zu getrockneten Chiliflocken. Die kennt inzwischen ja wirklich jeder. Aber mit Sumach kann man bei Gästen auftrumpfen – denn die meisten kennen es noch nicht – und bekommt garantiert ein Kompliment. Wo man Sumach kaufen kann? In vielen Online-Gewürz-Shops. So können Sie sich das Gerenne von einem asiatischen bis zum nächsten türkischen Lebensmittelgeschäft sparen.

Fenchel mit Tomaten und schwarzen Oliven

... und plötzlich fühlt man sich wie am Mittelmeer

ZUTATEN FÜR 4 PORTIONEN

3	Fenchelknollen
2	Zweige Rosmarin
2 EL	Butter
1 TL	Zucker
	Salz
	Pfeffer aus der Mühle
750 g	Tomaten (z.B. Eier- oder Roma-Tomaten; unwiderstehlich, aber teuer, sind Honigtomaten)
100 g	schwarze Oliven (ohne Stein, aus dem Glas)
12	grüne Salatblätter
½	Bund Dill

ZUBEREITUNG

- Den Fenchel putzen, waschen, halbieren und den harten Strunk entfernen, die Knollenhälften in dünne Spalten schneiden. Den Rosmarin waschen, trocken schütteln und die Nadeln abzupfen.
- Die Butter in einem Topf erhitzen und den Rosmarin darin bei schwacher Hitze andünsten. Den Zucker dazugeben und leicht karamellisieren. Den Fenchel hinzufügen, kurz mitdünsten und mit 5 EL Wasser ablöschen. Mit Salz und Pfeffer würzen und zugedeckt bei mittlerer Hitze etwa 8 Minuten dünsten.
- Inzwischen die Tomaten waschen und je nach Größe halbieren, vierteln oder klein schneiden, dabei die Stielansätze entfernen. Die Tomaten zum Fenchel in den Topf geben und alles weitere 5 Minuten schmoren lassen.
- Die Oliven halbieren, in die Fenchel-Tomaten-Mischung geben und 1 Minute mitschmoren. Die Salatblätter waschen und gut abtropfen lassen.
- Den Dill waschen, trocken schütteln, die Spitzen abzupfen und fein hacken.

Je 3 Salatblätter auf einem Teller hübsch anrichten, den warmen Gemüsesalat darauf verteilen und mit dem Dill bestreut servieren.

... und wenn ich eine Oliven-Allergie habe?

Ich weiß nicht, ob es – rein medizinisch gesehen – so etwas gibt. Bekannt sind nach meinen Recherchen lediglich Olivenbaumpollen- oder Olivenöl-Allergien. Aber jeder hat nun mal seine Vorlieben und Lebensmittel, die er gar nicht mag. Für mich zum Beispiel kommt Paprika NIE UND NIMMER in ein Essen. Ich vertrage sie nicht. Und ich mag sie nicht. Punkt. Ihnen geht es mit Oliven so? Dann lassen Sie die doch einfach weg. Und nehmen stattdessen Frühstücksspeck. Einfach 8 Scheiben in einer Pfanne knusprig ausbraten, auf Küchenpapier abtropfen lassen und zum Schluss schmückend auf dem Salat drapieren.

Ich kann mir gut vorstellen, dass viele Gäste sich auch über 3 oder 4 statt nur 2 krosse Speckscheiben freuen. Das nur so als Idee.

Chill out Ziemlich scharf und ein bisschen mehr „Italian style“ werden die Pilze, wenn Sie sie zusätzlich mit getrockneten Chiliflocken bestreuen. Oder eine kleine Chilischote waschen, entkernen, in ganz feine Ringe schneiden und unter die Eier-Käse-Masse mischen.

Sie haben lauter hungrige Männer eingeladen? Oder stellen fest, dass Sie das Hauptgericht, was die Menge angeht, ein bisschen knapp kalkuliert haben? Keine Panik. Rösten Sie 6 Scheiben Sandwich-Toastbrot, stechen Sie 12 Kreise mit einem Durchmesser von 5 cm aus und setzen Sie die Pilze darauf. Alles mit Holzspießen oder Cocktailpiksern fixieren.

Gefüllte Pilze mit Parmesan und getrockneten Tomaten

So etwas Leckeres hätte eigentlich einen ganz besonderen Namen verdient

ZUTATEN FÜR 4 PORTIONEN

12	Champignons (à ca. 4 cm Durchmesser)
1	Knoblauchzehe
5	getrocknete Tomaten
5 EL	zerbröseltes Brot (am besten dunkles Brot)
4 EL	geriebener Parmesan
2	Eier
1 EL	getrockneter Thymian
	Salz
	Pfeffer aus der Mühle
2 EL	Weißbrotbrösel
4 EL	Olivenöl
2–3	Zweige Thymian

ZUBEREITUNG

- Den Backofen auf 220 °C (Umluft mit Oberhitze) vorheizen. Ein Backblech mit Backpapier auslegen. Die Champignons mit einem Pinsel oder Küchenpapier trocken putzen bzw. abreiben. Jeweils den Stiel und die Lamellen entfernen. Den Knoblauch schälen und sehr fein hacken. Die getrockneten Tomaten in dünne Streifen schneiden.
- Die Brotbrösel, den Knoblauch, die Tomaten, den Parmesan, die Eier und den Thymian in einer Schüssel gut vermischen und mit Salz und Pfeffer würzen. Die Mischung in die Champignonhüte füllen und mit der Füllung nach oben auf das Backblech setzen. Mit den Weißbrotbröseln bestreuen, mit dem Olivenöl beträufeln und im Ofen auf der mittleren Schiene etwa 15 Minuten überbacken.
- Den Thymian waschen, trocken schütteln und kleine Zweige abschneiden.

Die gefüllten Pilze mit je 1 kleinen Thymianzweig anrichten.

Halloumi mit Spinat und Granatapfel

Dieses Kribbeln im Mund!

ZUTATEN FÜR 4 PORTIONEN

1	Granatapfel
300 g	frischer Blattspinat
1	Schalotte
6 EL	Olivenöl
	Salz
	Pfeffer aus der Mühle
	etwas Zucker
1 EL	Zitronensaft
250 g	Halloumi
2 EL	gehackte Mandeln

ZUBEREITUNG

- Den Granatapfel aufbrechen und die Kerne herauslösen (siehe „The pomegranate Water-gate“ unten). Den Spinat verlesen und waschen, dabei grobe Stiele entfernen. Auf einem Sieb gut abtropfen lassen und die Blätter in grobe Stücke zupfen. Die Schalotte schälen und in feine Würfel schneiden.
- In einer Pfanne 5 EL Olivenöl erhitzen und den Spinat mit den Schalottenwürfeln und den Granatapfelkernen darin 1 bis 2 Minuten andünsten. Mit Salz, Pfeffer, Zucker und Zitronensaft abschmecken.
- Den Halloumi im restlichen Olivenöl in einer beschichteten Pfanne auf beiden Seiten goldbraun braten und in 4 gleich große Quadrate schneiden.
- Den Spinatsalat auf die Teller verteilen und je ein Halloumiquadrat auf dem Salat platzieren. Mit den gehackten Mandeln bestreut servieren.

The pomegranate Water-gate

Um an die süß-zitronigen Kerne zu kommen, braucht man unbedingt:

1 Paar Einweghandschuhe * 1 große Schüssel (zum Beispiel eine Teigschüssel) mit Wasser * 1 scharfes, mittelgroßes Messer * 1 Schürze (oder ein Küchenhandtuch als Schürze umfunktioniert)

Granatäpfel werden im Orient nicht nur vernascht, sondern auch zum Teppichfärben verwendet. Wenn Sie Ihre Küche in leuchtendes Rot tauchen wollen und ebenso Ihre Hände sowie die Jeans plus Seidenhemd – bitte, dann vergessen Sie die oben aufgeführten Zutaten. Erfreuen Sie sich einfach an der Farbmacht der Granatapfelkerne.

Alle anderen ziehen die Handschuhe an, drücken den Granatapfel unter Wasser, schneiden ihn an und halbieren ihn dann mit den Händen. Jetzt die Schale so aufdrücken, dass Sie die Kerne herausdrücken oder mit den Finger lösen können. Die Kerne fallen brav nach unten auf den Boden der Schüssel, die gelblichen Häutchen, die die Kerne festhalten, schwimmen oben auf der Wasseroberfläche und Sie können sie ganz leicht herausfischen. Zum Schluss alle Häutchen und die Schale entfernen, die Granatapfelkerne in ein Sieb abgießen und abtropfen lassen.

Suppen

Möhrensuppe auf Asia-Art mit Kokos und Curry

Bitte mit viel Liebe essen

ZUTATEN FÜR 4 PORTIONEN

450 g	Möhren
20 g	Ingwer
60 g	Butter
2 EL	Zucker
¾ l	Gemüsefond
	Salz
	Pfeffer aus der Mühle
3 TL	Currypulver
	etwas Zitronensaft
200 ml	Kokosmilch (ungesüßt)
4 EL	Kokosraspel

ZUBEREITUNG

- Die Möhren putzen, schälen und in dünne Scheiben schneiden. Den Ingwer schälen und fein hacken. Die Butter in einem Topf erhitzen und die Möhren mit dem Ingwer darin andünsten. Den Zucker dazugeben und leicht karamellisieren. Mit dem Fond ablöschen und alles bei mittlerer Hitze 15 bis 20 Minuten köcheln lassen.
- Ein Drittel der Möhrenscheiben mit dem Schaumlöffel aus der Suppe nehmen und beiseitestellen. Die Suppe mit Salz, Pfeffer, 1 TL Currypulver und Zitronensaft abschmecken. Die Kokosmilch dazugeben und die Suppe mit dem Stabmixer pürieren. Die Suppe nochmals abschmecken.
- Die Kokosraspel in einer beschichteten Pfanne ohne Fett anrösten.

Die Möhrenscheiben in die Suppe geben und auf tiefe Teller verteilen. Jeweils mit Currypulver bestäuben und mit den Koskosraspeln bestreuen.

Cremesuppe mit Lachs und Rucola

Da schwimmt hübsch was drin rum

ZUTATEN FÜR 4 PORTIONEN

100 g	Rucola
1	Knoblauchzehe
60 ml	Olivenöl
	Salz
	Pfeffer aus der Mühle
2	Schalotten
60 g	kalte Butter
50 ml	trockener Weißwein
600 ml	Geflügelfond
200 g	Sahne
2 EL	Noilly Prat
4	Scheiben Räucherlachs
1 EL	Zitronensaft
1 EL	Bio-Zitronenzesten
2 EL	frisch gehackter Dill

ZUBEREITUNG

- Den Rucola verlesen, waschen, trocken schütteln und ein Drittel davon beiseitelegen. Den restlichen Rucola grob zerkleinern. Den Knoblauch schälen, mit dem Rucola und dem Olivenöl, etwas Salz und Pfeffer im Küchenmixer oder mit dem Stabmixer pürieren.
- Die Schalotten schälen und in feine Würfel schneiden. 20 g Butter in einem Topf erhitzen und die Schalotten darin andünsten. Mit dem Wein ablöschen, den Fond angießen und alles etwa um ein Drittel einkochen lassen. Die Sahne und den Noilly Prat unterrühren und die Suppe weitere 5 bis 7 Minuten köcheln lassen.
- Den beiseitegelegten Rucola in vier gleichgroße Bündel teilen. Die Lachsscheien – je nach Größe – längs halbieren und den Rucola jeweils mit 1 Scheibe umwickeln. Je 1 Rucola-Lachs-Bündel in einen Suppenteller legen.
- Die restliche Butter in die Suppe geben und die Suppe mit dem Stabmixer schaumig aufschlagen. Mit Zitronensaft, Salz und Pfeffer abschmecken, jeweils auf die Rucola-Lachs-Bündel gießen, mit der Rucolapaste beträufeln und mit den Zitronenzesten und dem Dill bestreut servieren.

Ideen muss man haben

Die weiße Cremesuppe mit dem grünen Beiwerk und dem lachsfarbenen Klecks sieht am edelsten in sahneweißer Umgebung aus – weiße Tischdecke oder weißer Platzteller und Besteck ohne viel Schnickschnack. Bitte unbedingt dran denken: Für diese Suppe nicht nur einen Löffel bereitlegen, sondern auch Gabel und Messer für das mit Lachs umwickelte Rucolabündel.

Kein Messerbänkchen zur Hand, auf der die Gäste den Löffel ablegen können, wenn sie zum Schluss Gabel und Messer für die Suppeneinlage brauchen? Kein Problem! Kaufen Sie einfach mehr Rucola, teilen Sie diesen in vier gleich große, nicht zu dünne Bündel, diese einfach mit einem geknoteten Schnittlauchstängel (oder etwas Bast, zur Schleife gebunden) fixieren, auf kleine Teller – Espresso-Untertasse? – legen und neben den Suppentellern bereitstellen. Diese natürliche Variante eines Messerbänkchens bietet sich selbstverständlich auch für viele andere Gerichte und andere Zutaten an.

Exotische Ananas-Curry-Suppe

Viel mehr als nur eine Suppe

ZUTATEN FÜR 4 PORTIONEN

2	Zwiebeln
1	Apfel (am besten Granny Smith)
1	Banane
300 g	Ananasringe (aus der Dose)
150 g	Hähnchenbrustfilet
1 EL	Olivenöl
2 TL	gemahlene Kurkuma
1 ½ TL	Currypulver
4 EL	Kokosmilch (aus der Dose)
½ l	Hühnerbrühe
¼ l	fettarme Milch (1,5 % Fett)
	Salz
4 EL	Mandelblättchen
½	Bund Koriander
2 TL	Sumach (siehe Tipp S. 44; ersatzweise 2 TL Bio-Zitronenzesten)

ZUBEREITUNG

- Die Zwiebeln schälen und in feine Würfel schneiden. Den Apfel schälen, vierteln, entkernen und in Würfel schneiden. Die Banane schälen und in Scheiben schneiden. Die Ananas in mundgerechte Stücke schneiden. Ein Drittel der Ananas beiseitestellen. Das Hähnchenbrustfilet waschen, trocken tupfen und in Würfel schneiden.
- Das Olivenöl in einem Topf erhitzen und die Zwiebeln darin bei mittlerer Hitze etwa 2 Minuten andünsten. Kurkuma und Curry dazugeben und kurz anrösten. Die Früchte hinzufügen, kurz mitbraten und mit der Kokosmilch, der Brühe und der Milch ablöschen. Alles aufkochen lassen, mit dem Stabmixer pürieren und mit Salz abschmecken.
- Die Hähnchenbrustwürfel mit der restlichen Ananas in die Suppe geben und etwa 8 Minuten köcheln lassen. Die Suppe nochmals mit den Gewürzen abschmecken.
- Die Mandeln in einer beschichteten Pfanne ohne Fett anrösten. Den Koriander waschen, trocken schütteln, die Blätter abzupfen und klein schneiden.

Die Suppe auf tiefe Teller verteilen, mit den Mandeln und dem Koriander anrichten und mit Sumach oder Zitronenzesten bestreut servieren.

Gelb-grüne Koalition

Was Zitronenzesten für Suppen, Salate, Fleisch oder Fisch sind, ist Rouge fürs Make-up. Beides sorgt für einen reizvollen Twist. Auf Rouge kann man eigentlich nur verzichten, wenn man frisch verliebt ist, oder? Dann errötet man nach jedem der vielen Küsse von ganz allein.

Hollywood-Stars verleihen ihrem Rouge ein First Class Update, indem sie auf die oberen Wangenknochen einen Hauch Glowpuder verteilen. Das sorgt – ja! Richtig! Für den berühmten Glow. Wer seine Gerichte auch updaten möchte, mischt Zitronen- und Limettenzesten. Die gelb-grüne Koalition ist das, was man einen Eyecatcher nennt. (Politisch gesehen allerdings längst nicht so aufsehenerregend …)

PS: Den Tipp hat mir ein Sternekoch verraten. Aber ich sage jetzt nicht, welcher.

Der Eyecatcher vom Sternekoch

PPS: Hey, ich hätte jetzt so tun können, als sei diese ebenso großartige wie einfache Idee von mir. Aber nein, ich bleibe bei der Wahrheit. Dafür hätte ich jetzt gern ein ganz klitzekleines Lob. Denn Sie stecken mit Sicherheit die Komplimente all Ihrer Gäste ein. Da habe ich doch auch ein winziges Lob verdient?

Tomatensuppe mit Rucola und Kräuter-Croûtons

Auf die sind alle anderen Tomatensuppen neidisch

ZUTATEN FÜR 4 PORTIONEN

1 kg	Eier-Tomaten
3	rote Zwiebeln
3	Knoblauchzehen
5 EL	Olivenöl
2	große Scheiben Roggenbrot (dünn geschnitten)
2 EL	Butter
	Salz
2 EL	Gewürzmischung „Italienische Kräuter“
	Pfeffer aus der Mühle
	Zucker
2 EL	Aceto balsamico
1 TL	Zitronensaft
1	Bund Rucola

ZUBEREITUNG

- Den Backofen auf 140 °C (Oberhitze) vorheizen. Die Tomaten waschen und in grobe Stücke schneiden, dabei die Stielansätze entfernen. Die Zwiebeln und den Knoblauch schälen und in grobe Würfel schneiden.
- Die Tomaten mit den Zwiebeln und dem Knoblauch auf einem tiefen Backblech mischen und mit 2 bis 3 EL Olivenöl beträufeln. Das Gemüse im Ofen auf der mittleren Schiene 1 ½ Stunden garen, dabei nach 45 Minuten einmal durchrühren.
- Inzwischen das Brot in kleine Würfel schneiden. Die Butter in einer beschichteten Pfanne erhitzen und die Brotwürfel darin rundum braun braten, mit Salz und der Gewürzmischung würzen. Die Kräuter-Croûtons auf Küchenpapier abkühlen lassen.
- Nach der Garzeit das Gemüse aus dem Ofen nehmen und im Küchenmixer pürieren (alternativ das Gemüse in einen Topf geben und mit dem Stabmixer pürieren). ¼ l heißes Wasser hinzufügen und weiterpürieren, bis die Konsistenz der Suppe schön glatt ist. Die Suppe mit Salz, Pfeffer, Zucker, Balsamico sowie Zitronensaft abschmecken.

Den Rucola verlesen, waschen und grob hacken, dabei grobe Stiele entfernen. Die Suppe in Suppenschalen verteilen, den Rucola darauf verteilen, mit etwas Olivenöl beträufeln und mit den Kräuter-Croûtons servieren.

Ich finde ja ...

... dass sich jeder Gast von Toppings so viel nehmen sollte, wie er mag. Deshalb serviere ich beispielsweise Kräuter-Croûtons in einer Extra-Schale, damit sich jeder nach Hunger und Lust bedienen kann.

... dass Profiköche oft übertreiben. Sie würden diese Tomatensuppe natürlich nach dem Pürieren durch ein Sieb streichen (lassen. Von einem ihrer vielen kleinen Helferlein), damit keine Tomaten- und Zwiebelstücke drin rumschwimmen. Okay, wer's mag. In Ordnung. Ich mag es lieber ohne die Durchseiherei! Mein Mann auch. Sagt er.

Sahnige Linsensuppe mit Chili und Kreuzkümmel

Irgendwie total magisch

ZUTATEN FÜR 4 PORTIONEN

400 g	rote Linsen (aus der Dose)
2	Möhren
2	Zwiebeln
2	Knoblauchzehen
1	rote Chilischote
60 g	Butter
2 EL	Tomatenmark
½ TL	gemahlener Kreuzkümmel
50 ml	Noilly Prat (ersatzweise Weißwein)
300 ml	Hühnerbrühe
	Salz
	Pfeffer aus der Mühle
	gemahlene Macisblüte
	etwas Zitronensaft
5 EL	Sahne
½	Bund Dill
2 EL	Pistazien (gehackt)

ZUBEREITUNG

- Die Linsen auf einem Sieb abtropfen lassen. Die Möhren putzen, schälen und in grobe Würfel schneiden. Die Zwiebeln und den Knoblauch schälen und ebenfalls in grobe Würfel schneiden. Die Chilischote längs halbieren, entkernen, waschen und in Streifen schneiden.
- Die Butter in einem Topf erhitzen und Zwiebeln und Knoblauch darin andünsten. Die Linsen und die Möhren dazugeben und kurz anrösten. Das Tomatenmark, den Kreuzkümmel sowie die Chilistreifen hinzufügen und alles gut anbraten. Mit dem Noilly Prat und der Brühe ablöschen und alles etwa 15 Minuten köcheln lassen.
- Nach der Garzeit die Suppe mit dem Stabmixer pürieren und mit Salz und Pfeffer sowie Macis und Zitronensaft abschmecken.
- Die Sahne steif schlagen. Den Dill waschen, trocken schütteln und die Spitzen von den Stielen zupfen.

Die Linsensuppe in Suppenschalen verteilen, mit je 1 EL geschlagener Sahne garnieren und mit den Dillspitzen sowie den Pistazien bestreut servieren.

Spielen Sie doch mal Scheherazade

Ich konnte sie aus verständlichen Gründen zwar nicht fragen, bin mir aber sicher, dass sie diese „magic soup" in orientalischen Schalen in verschiedenen Blautönen serviert hätte. Und als Tischdecke Seide vom Meter mit einem Print wie direkt aus Marrakesch. Dazu Gläser in Edelsteinfarben, hübsch verschnörkelt. Und viele Kerzen! Klar. Mehr ist manchmal einfach mehr!

Kartoffel-Limetten-Suppe mit Koriander

Löffelweise Glück

ZUTATEN FÜR 4 PORTIONEN

400 g	mehligkochende Kartoffeln
2	Schalotten
2 TL	Butterschmalz
1 TL	gemahlene Kurkuma
1 l	Hühnerbrühe
2	Gewürznelken
1	Zimtstange
1 TL	Kardamompulver
	Salz
	Pfeffer aus der Mühle
2	Bio-Limetten
¼ l	Kokosmilch (ungesüßt)
1	Bund Koriander

ZUBEREITUNG

- Die Kartoffeln schälen, waschen und in Würfel schneiden. Die Schalotten schälen und ebenfalls in Würfel schneiden. Das Butterschmalz in einem Topf erhitzen und die Kartoffeln darin kurz andünsten. Die Schalotten dazugeben, das Gemüse mit Kurkuma bestäuben, alles gut mischen und etwa 3 Minuten scharf anbraten.
- Mit der Brühe ablöschen. Die Nelken, die Zimtstange und den Kardamom hinzufügen, die Suppe mit Salz und Pfeffer würzen und etwa 20 Minuten köcheln lassen.
- Inzwischen 1 Limette halbieren und auspressen, die andere Limette heiß waschen, trocken reiben, in dünne Scheiben schneiden und diese halbieren.
- Die Nelken und die Zimtstange mit dem Sieblöffel aus der Suppe nehmen. Die Kokosmilch in die Suppe geben und die Suppe mit dem Stabmixer pürieren. Mit dem Limettensaft abschmecken.
- Den Koriander waschen, trocken schütteln, die Blätter von den Stielen zupfen und fein schneiden.

Die Suppe in Suppenschalen verteilen und mit je 2 halben Limettenscheiben und Koriander garniert servieren.

Ran an den Rand

Es sind noch Limettenscheiben übrig geblieben? Einfach eine ganze Scheiben bis zur Hälfte einschneiden und an die Tellerränder klemmen. So wie bei einem Drink. Sieht wirklich reizvoll aus!

Maiscremesuppe mit Dattel-Speck-Spießen

Nichts für Geschmacksspießer

ZUTATEN FÜR 4 PORTIONEN

	Für die Spieße:
8	getrocknete Datteln
3 EL	Grand Marnier (franz. Orangenlikör)
8	Scheiben Frühstücksspeck
4	Holzzahnstocher
4	lange Holzspieße
	Für die Suppe:
2	Schalotten
2 EL	Olivenöl
400 g	Maiskörner (aus der Dose, abgetropft)
¼ l	Geflügelfond
200 g	Sahne
	Salz
	Pfeffer aus der Mühle
	etwas Zitronensaft
1 EL	getrocknete Chiliflocken
8	Korianderblätter

ZUBEREITUNG

- Für die Spieße die Datteln mit dem Grand Marnier in einer Schüssel 20 Minuten ziehen lassen. Den Backofen auf 200 °C (Umluft mit Oberhitze) vorheizen.
- Für die Suppe die Schalotten schälen und in feine Würfel schneiden. Das Olivenöl in einem Topf erhitzen und die Schalotten mit dem Mais darin andünsten. Fond und Sahne dazugießen und alles etwa 20 Minuten köcheln lassen.
- Die Datteln abtropfen lassen, mit je 1 Scheibe Speck umwickeln und mit einem Holzzahnstocher fixieren. Die Datteln im Speckmantel im Ofen auf der mittleren Schiene 20 bis 25 Minuten backen, bis der Speck knusprig ist.
- Etwa 4 EL Maiskörner aus der Suppe nehmen und beiseitestellen. Die Suppe mit dem Stabmixer pürieren und mit Salz, Pfeffer und Zitronensaft abschmecken. Je zwei Datteln im Speckmantel auf einen Holzspieß stecken.

Die Suppe in Suppenschalen verteilen, je 1 EL Maiskörner daraufgeben, mit den Chiliflocken bestreuen und mit den Korianderblättern garnieren. Je 1 Dattel-Speck-Spieß quer über eine Suppenschale legen und alles servieren.

Soll's mal etwas anderes sein?

Statt Datteln können Sie auch getrocknete Backpflaumen nehmen. Aber unbedingt ohne Stein! Und für besonders hungrige Gäste gleich ein paar extra Speck-Datteln oder Speck-Pflaumen mit ein planen, die Sie in der Mitte des Tischs griffbereit platzieren.

Was mir gerade einfällt: Viel Lob habe ich auch für diese eher deftige Variante bekommen, die vor allem bei Männern gut ankommt. 250 g Rinderhack mit 3 EL Pesto (Fertigprodukt; grün oder rot) gut vermischen, zu 12 kleinen Bällchen formen und in einer beschichteten Pfanne gut ausbraten. Auf Holzspieße stecken und zur Suppe servieren.

Essential Guide for a Wow!-Dinner

Hauptgerichte

Was das Kochen angeht, entsprach meine Lernkurve mal der eines Riesenschnauzers. Die gelten als temperamentvoll (wichtig, weil: Wer im Schneckentempo die Suppe umrührt, dem brennt sie schnell mal an. Dann hilft nur noch dieser Trick: S. 132). Außerdem als intelligent, wachsam und selbstbewusst. Einen leicht angebrannten Braten muss man auch mal mit einem Siegerlächeln und der Bemerkung servieren können: „Schaut mal, wie die Kruste gelungen ist. Genauso soll sie sein! In New York ist das D-E-R neueste Trend." Und Riesenschnauzer zählen zu den äußerst gelehrigen Hunderassen. Zu meiner bis heute unvergesslichen **„Jetzt-habe-ich-was-gelernt!"**-Erkenntnis gehört:
Koche etwas Einfaches, wenn deine zukünftige Schwiegermutter das erste Mal bei dir zu Gast ist. In manchen Dingen handle ich extrem gut überlegt (Sternzeichen Jungfrau, 1. Dekade) und

Koche etwas Einfaches, wenn deine zukünftige Schwiegermutter kommt.

ziemlich clever (Aszendent Zwillinge). Gut möglich, dass einige meiner Freundinnen, wie Ännie (die mit dem Hund, der „Löffel" heißt), sogar behaupten würden, ich hätte in einigen Situationen sogar geradezu clever agiert. Zum Beispiel **die Sache mit dem Mann und der Kosmetik**. Als ich meinen jetzigen Mann kennenlernte und sich herausstellte, dass das etwas Ernsteres werden könnte, habe ich die Second Unit meiner täglichen Beauty-Utensilien zusammengepackt. Von der Tagescreme bis zum Cleanser, von der Bodylotion bis zum Hair-Styling-Wachs sowie der Mascara, Make-up und Rouge und so weiter. Und am nächsten verfügbaren Abend – er hatte mich zum Essen bei sich zu Hause eingeladen – habe ich meine Töpfchen und Tiegelchen gut sichtbar in seinem Badezimmer in Position gebracht. Aus überzeugenden Gründen: Sollte er eine andere Frau als mich einladen, die möglicherweise glaubte, sich irgendwelche Hoffnungen machen zu können, so konnte sie sich das gleich abschminken, wenn sie sein Bad benutzte. Ich hatte gut sichtbar mein Terrain markiert!

Nein, nein, meine zahlreichen Cremes und Lotionen konnte er nicht einfach beiseiteräumen. Erstens waren es zu viele und zweitens hätte er garantiert etwas übersehen. Weil er für Rouge-Sticks und Make-up-Tuben einfach keinen Blick hat.

Einen leicht angebrannten Braten muss man mit einem Siegerlächeln servieren können.

Und mal ehrlich, welcher Mann hätte in so einer Situation gesagt: „Also wirklich, mein Schatz, sei mir nicht böse, aber so geht das nicht. Ich möchte, dass du deine Sachen wieder einpackst und mit nach Hause nimmst.“ Eben.

Abgesehen davon, dass ich mir seiner Gefühle für mich natürlich schon sehr sicher war. Und auch seine Tochter Kathi aus erster Ehe wusste ich auf meiner Seite. Sie war damals kurz vor der Pubertät und lechzte nach allem, was mit Kosmetik zu tun hatte. Und hier hatte sie nun freie Auswahl. Und das auch noch, ohne dass jemand sie ertappen und tadelnd ansehen konnte.

Dann kam der Abend, an dem ich meiner zukünftigen Schwiegermutter vorgestellt werden sollte. Da meine Kochlernkurve sich damals auf dem Niveau eines Pekinesen (wählerisch und stur) befand, beschloss ich: In ein Lokal gehen? Oh no! So unpersönlich. Also habe ich Sohn samt Mutter Ruth zu mir eingeladen. Konnte ja nicht schaden, ein paar Schwiegertochter-Punkte zu sammeln?!

Bevor ein Shitstorm gegen mich losbricht, sollte ich unbedingt erwähnen, dass ich nichts, absolut GAR NICHTS gegen Pekinesen habe. Mir ist durchaus bewusst, dass diese Vierbeiner treu und verschmust und sensibel sind. Aber sie besitzen eben auch winzig kleine Schwächen. Wie wir Menschen auch.

Die kochende und sture und wählerische Pekinesin auf zwei Beinen hatte jedenfalls beschlossen, etwas besonders Feines zu servieren, wenn die Schwiegermutter extra aus Frankfurt angereist kam. Aber was? Einen Braten! Ein Braten ist immer gut, wenn sich mehr als zwei Esser am Tisch befinden. Außerdem kann man ihn gut vorbereiten, dann in den Ofen schieben – fertig. Ich hatte mich für einen mit Knoblauch gespickten Schweinebraten auf einem Karotten-Lauch-Bett mit Rosmarinzweigen aus meiner Rezepteordner-Abteilung „Fleisch, Braten, italienisch“

Etwas besonders Feines servieren ...
Aber was?
Einen Braten! Ein Braten ist immer gut!

entschieden. Konnte ja nicht so schwer sein, oder? Es war ein bodenständiges, aber auch irgendwie interessantes Rezept und damit perfekt für eine Schwiegermutter-in-spe-Umgarnung.
Das Essen war – ein Desaster. Mehr konnte man kaum verkehrt machen. Ich hatte viel zu viele ganze Knoblauchzehen genommen und der Geschmack drängte sich penetrant nach vorn. Da ich kein Spickmesser besessen hatte (und auch immer noch nicht besitze), habe ich einfach lange und tiefe Kerben in den Braten geschnitten und die Knoblauchzehen reingestopft. Der ganze Bratensaft war rausgelaufen und der Braten so trocken wie zehn Jahre alter Zwieback. Der Rosmarin, den ich hübsch auf dem Braten und dem Gemüse dekoriert hatte, war verkohlt. Und leider dank der Hitze so verbrannt, dass er sich in seine Einzelteile zerlegt hatte und man ihn nicht aussortieren konnte. Die Bratenscheiben hatte ich dann auch noch so dick geschnitten, dass sie nicht nur wie Schuhsohlen aussahen, sondern auch so schmeckten. Zäh. Bitter.
Ach ja, das Gemüse: Das war nach zwei Stunden im Backofen so verkocht, als hätte ich es püriert. Wenigstens die Kartoffeln konnte man essen. Wenn man salzige Kartoffeln mit verkohltem Rosmarin ohne Sauce mag.
Danke, lieber Koch-Gott, dass ich gelernt und an Kathi, die Tochter meines Mannes, die Erkenntnis weitergegeben habe: Koche etwas Gutes, aber Einfaches, wenn deine Schwiegermutter das erste Mal bei dir zu Gast ist.

PS: Was Kathi ihrer zukünftigen Schwiegermutter Hanni dann vor nicht allzu langer Zeit aufgetischt hat: Ziegenkäse-Croûtons mit schwarzen Oliven (S. 21), Huhn aus Apulien (S. 78) und danach Safran-Kardamom-Creme mit Granatapfelkernen (S. 124). Es war ein perfektes Dinner. Hat Hanni gesagt.

Noch ein bis zwei Sätze, bevor Sie sich mit mir ins Kochgetümmel stürzen: Wenn Gäste kommen, entscheide ich mich meist für ein Gericht, das ich gut vorbereiten kann und das dann im Ofen vor sich hinschmurgelt. Ich habe keine Lust, am Herd zu stehen, während die Gäste und mein Mann sich am Esstisch amüsieren.

Der zweite Grund ist: Bei einem Braten kann ich eine zu langweilige Sauce noch mit Zitronensaft oder Kräutern oder auch einem kleinen Schuss weißem Balsamico retten.

Und drittens kommt es bei Kurzgebratenem oft auf eine halbe Minute oder weniger an. Mal ist das Fleisch zu rosa, mal schon zu durch; mal ist das Fleisch schon fertig und das Gemüse noch nicht mal halb gar. Kochen soll schließlich Spaß machen und nicht in Stress ausarten.

Warum soll ich bitte am Herd stehen, wenn die Gäste und mein Mann sich schon prächtig am Tisch amüsieren?

Fleisch

Rindfleisch reloaded aus dem Wok

Für Gäste mit Scharf-Sinn (und lazy Gastgeber)

ZUTATEN FÜR 4 PORTIONEN

2	getrocknete Curryblätter (gibt es in Asialäden und Online-Shops)
400 g	Brokkoli
5	Frühlingszwiebeln
150 g	Möhren
2	Chilischoten (à ca. 10 cm lang)
1	Stück Ingwer (ca. 6 cm lang)
2	Knoblauchzehen
1 EL	Wok-Öl
400 g	Rinderfilet (vom Metzger in knapp 2 cm dicke Scheiben schneiden lassen)
1 TL	Anissamen
60 ml	Rinderbrühe
2–3 EL	dunkle Sojasauce
1 EL	Ahornsirup
2 EL	Zitronensaft
½	Bund Petersilie

ZUBEREITUNG

- Die Curryblätter in lauwarmem Wasser einweichen. Den Brokkoli putzen, waschen, die Röschen in dünne Scheiben schneiden und gut abtropfen lassen. Die Frühlingszwiebeln, putzen, waschen und in 5 bis 6 cm lange Stücke schneiden. Die Möhren putzen, schälen und mit dem Sparschäler der Länge nach in dünne Scheiben schneiden. Möhrenstreifen je nach Länge noch einmal halbieren.
- Die Chilischoten längs halbieren, entkernen, waschen und in feine Streifen schneiden. Den Ingwer schälen und in feine Würfel schneiden. Den Knoblauch schälen und in feine Scheiben schneiden.
- Das Öl im Wok stark erhitzen und die Rindfleischscheiben darin etwa 2 Minuten anbraten. Dabei ständig rühren, damit das Fleisch von allen Seiten angebraten wird. Chilis, Ingwer und Knoblauch zum Fleisch geben und etwa 2 Minuten mitbraten. Alles aus der Pfanne nehmen und warm halten.
- Die Curryblätter etwas ausdrücken. Brokkoli, Frühlingszwiebeln, Möhren und Anissamen sowie die Curryblätter in den Wok geben und knapp 1 Minute bei starker Hitze anrösten. Mit der Brühe ablöschen und alles bei mittlerer Hitze etwa 5 Minuten dünsten. Gemüse mit Sojasauce, Ahornsirup und Zitronensaft abschmecken. Das Fleisch mit den Gewürzen wieder in den Wok geben und alles weitere 1 bis 2 Minuten dünsten. Die Petersilie waschen, trocken schütteln und die Blätter grob hacken.

Das Rindfleisch reloaded mit der Petersilie bestreut servieren.

Sorgen Sie doch mal für Abwechslung!

Beim Rindfleisch reloaded habe ich auch schon Champignons mitangebraten, den Brokkoli durch Fenchel, Spinat, Zucchini oder Blumenkohl ersetzt, die Möhren durch Chinakohl, Paprika oder Romanesco und die Frühlingszwiebeln durch Lauch oder Sellerie. Fantasie ist doch was Wunderbares!

Rinderfilet mit Kruste und Tomaten-Minze-Gemüse

Ist wie ein Sechser im Rezepte-Lotto

ZUTATEN FÜR 4 PORTIONEN

70 g	Butter
2 EL	Honig
50 g	Pinienkerne
1 EL	getrockneter Thymian
	Salz
	Pfeffer aus der Mühle
150 g	Weißbrotbrösel
4	Rinderfilets (à 150 g; vom Metzger parieren lassen)
2 EL	Olivenöl
2	rote Zwiebeln
250 g	rote Cocktailtomaten
250 g	gelbe Cocktailtomaten
1 TL	Bockshornkleesaat (gibt's z.B. bei Online-Feinkosthändlern)
1 EL	Aceto balsamico
	etwas Zitronensaft
½	Bund Minze

ZUBEREITUNG

- Den Ofen auf 200 °C (Umluft mit Oberhitze) vorheizen. Eine ofenfeste Form mit Backpapier auslegen. Die Butter mit dem Honig in einem Topf schmelzen lassen. Die Pinienkerne und den Thymian unterrühren und mit Salz und Pfeffer würzen. Dann die Weißbrotbrösel unterrühren.
- Das Fleisch waschen, trocken tupfen und mit Salz und Pfeffer würzen. In einer Pfanne 1 EL Olivenöl erhitzen und die Filets darin bei starker Hitze auf jeder Seite 3 Minuten goldbraun braten. Das Fleisch in die Form legen und die Brösel-Honig-Mischung darauf verteilen. Die Rinderfilets im Ofen auf der mittleren Schiene 15 bis 20 Minuten garen.
- Inzwischen die Zwiebeln schälen und in grobe Ringe schneiden. Die Cocktailtomaten waschen und je nach Größe halbieren oder vierteln. In einer Pfanne das restliche Olivenöl erhitzen und die Zwiebeln darin bei mittlerer Hitze andünsten. Dann die Tomaten und die Bockshornkleesaat dazugeben und alles 5 bis 8 Minuten köcheln lassen. Mit Balsamico, Salz und Pfeffer sowie Zitronensaft abschmecken.
- Die Minze waschen, trocken schütteln und 20 bis 25 Blätter abzupfen. Große Blätter grob zerkleinern. Die Minze unter das Tomatengemüse mischen und zu den Rinderfilets in der Kruste servieren.

Als Beilage dazu passt krosses Baguette oder Kartoffelgratin.

The Table Book Ein Gästebuch war ja mal schwer angesagt. Aber ehrlich – man fühlte sich doch immer schrecklich unter Druck. Was soll ich da jetzt reinschreiben? Dass die Kartoffeln zu salzig waren und der Wein gekorkt hat ... Also her mit dem Gästebuch 2.0. Da stehen die wirklich wichtigen Sachen drin, die man als Gastgeber wissen sollte: Ännie verträgt keine Krustentiere und mag auch keinem Fisch in die Augen sehen, also darf man ihr nur Fischfilets zumuten. Gaby hasst zu üppige Portionen. Da vergeht ihr der Appetit. Rudolf (Chirurg) braucht immer GROSSE Portionen Nachspeisen, weil er Süßes fast noch mehr liebt als seinen Beruf.

Kräuter-Kalbsschnitzel mit zweierlei Cocktailtomaten

Das Schnitzel mit dem gewissen Twist

ZUTATEN FÜR 4 PORTIONEN

750 g	kleine festkochende Kartoffeln
6 EL	Olivenöl
½ TL	Zitronensaft
2 TL	Anissenf (alternativ 2 TL Dijon-Senf und 1 TL Anissamen)
	Salz
	Pfeffer aus der Mühle
1 TL	gemahlene Macisblüte
2 TL	getrockneter Rosmarin
1 TL	Paprikapulver (edelsüß)
200 g	rote Cocktailtomaten
200 g	gelbe Cocktailtomaten
1	Bund Frühlingszwiebeln
1 TL	getrocknetes Basilikum
1 TL	Fenchelsamen
2 TL	getrockneter Thymian
4	Kalbsfilets (à 200 g)
2	Zweige Rosmarin
8	große Basilikumblätter
4	Zweige Thymian

ZUBEREITUNG

- Den Backofen auf 220 °C (Umluft mit Oberhitze) vorheizen. Die Kartoffeln waschen, abtropfen lassen und halbieren. Nicht schälen! 3 EL Olivenöl in einer großen Schüssel mit dem Zitronensaft und dem Senf verrühren und die Marinade mit Salz, Pfeffer, Macis, Rosmarin und Paprikapulver abschmecken.
- Die Kartoffeln in der Schüssel gut mit der Gewürzmarinade mischen. Eine große ofenfeste Form mit Backpapier auslegen und die Kartoffelmischung hineingeben. Die Kartoffeln im Ofen auf der mittleren Schiene 45 Minuten garen.
- Alle Cocktailtomaten waschen und halbieren. Die Frühlingszwiebeln putzen, waschen und in etwa 4 cm lange Stücke schneiden. Die Cocktailtomaten und die Frühlingszwiebeln mit etwas Salz würzen und mit dem getrockneten Basilikum bestreuen. Nach 25 Minuten Garzeit zu den Kartoffeln geben.
- Die Fenchelsamen im Mörser grob zerstoßen oder zwischen zwei Holzbrettchen zerdrücken. In einer kleinen Schüssel mit 2 EL Olivenöl und dem Thymian verrühren, mit Salz und Pfeffer würzen.
- Die Kalbsfilets waschen, trocken tupfen und mit der Marinade einpinseln. In einer Grillpfanne das restliche Olivenöl erhitzen und die Kalbsfilets darin bei starker Hitze 5 bis 6 Minuten scharf anbraten – dabei mehrmals wenden!
- Die frischen Kräuter waschen und trocken schütteln. Die Rosmarinnadeln von den Stielen zupfen und mit den Basilikumblättern über die Kartoffel-Tomaten-Mischung streuen. Jedes Kalbsfilet mit 1 Thymianzweig belegen und mit der Kartoffel-Gemüse-Mischung servieren.

Werden Sie zum Strauchdieb!

Statt der Cocktailtomaten sehen auch Rispentomaten extrem hübsch aus, die es sich mit Stiel und allem Drum und Dran auf den Kartoffeln bequem machen und sich durchgaren lassen.

Kalbsbraten mit Äpfeln und Cidre

Rôti de veau avec des pommes et du Cidre – die wohl delikateste Seite Frankreichs

ZUTATEN FÜR 4 PORTIONEN

1 kg	Kalbsbraten (am besten Kalbsnuss oder aus der Schulter)
	Salz
	Pfeffer aus der Mühle
200 g	Schalotten
2 EL	Butterschmalz
2 TL	Zucker
375 ml	Cidre (franz. Apfelwein)
1	Bund Frühlingszwiebeln
3	feste, säuerliche Äpfel (wie Boskop oder Elstar)
6	Stiele Oregano
	etwas Zitronensaft

ZUBEREITUNG

- Das Fleisch waschen, trocken tupfen und mit Salz und Pfeffer einreiben. Die Schalotten schälen und der Länge nach halbieren. Das Butterschmalz in einem Bräter erhitzen und das Fleisch darin bei mittlerer Hitze rundum anbraten. Die Schalotten und den Zucker dazugeben und den Zucker karamellisieren. Mit dem Cidre ablöschen und das Fleisch zugedeckt 1 Stunde schmoren. Dabei den Braten zwischendurch mit dem Schmorfond begießen.
- Die Frühlingszwiebeln putzen, waschen und in etwa 4 cm lange Stücke schneiden. Die Äpfel waschen, vierteln, entkernen und in nicht zu dünne Spalten schneiden. Den Oregano waschen und mit den Frühlingszwiebeln und Äpfeln zum Braten geben. Alles weitere 15 Minuten schmoren lassen.
- Den Braten herausnehmen und in Alufolie gewickelt (z.B. im Ofen) warm halten. Ein Drittel der Äpfel, die Frühlingszwiebeln und den Oregano beiseitestellen. Die restlichen Äpfel mit dem Bratenfond pürieren, mit Salz und Pfeffer würzen und mit Zitronensaft abschmecken. Die Äpfel, die Frühlingszwiebeln, den Oregano sowie den Braten wieder in den Bräter geben und servieren.

Natürlich können Sie den Braten auch erst in dünne Scheiben schneiden, dann zurück in den Schmortopf geben und servieren. Aber ich finde, ein ganzes Stück, sanft knusprig gebratenes Fleisch sieht beim Servieren einfach besser aus als ein Scheiben-Braten.

Und dazu? Nun, wie wäre es mit einem Kartoffelgratin oder Gnocchi (die können Sie fertig kaufen und brauchen Sie nur noch kurz in Butter zu schwenken). Oder ein lauwarmer Kartoffelsalat. (Das ist aber eine zeitaufwendige Variante und braucht eine gute Planung, damit der Kartoffelsalat noch warm ist, wenn der Braten auf den Tisch kommt. Bei Zeitdruck lieber Hände weg ...) Oder einfach mit vorgekochten, kleinen Kartoffeln (mit Schale), die noch mal kurz in Butter angebraten werden.

Bon appétit!

Kann ja sein, dass alle an diesem Abend mit diesem französischen Gericht über die französische Küche reden möchten. Und gleichzeitig auch über Filme. Deshalb habe ich mir die Mühe gemacht und eine kleine – natürlich unvollständige – Liste mit Filmen zusammengestellt, in denen Frankreich + Kochen + Essen eine Rolle spielen:
„Julie und Julia" mit Meryl Streep und Amy Adams
„Babettes Fest" mit Stéphane Audran
„Bella Martha" mit Martina Gedeck und Sergio Castellitto
„Ein gutes Jahr" mit Russell Crowe und Marion Cotillard (okay, es geht mehr um Wein und die Wandlung eines Menschen, aber auch um französische Küche!)
„Madame Mallory und der Duft nach Curry" mit Helen Miren und Om Puri
Ja, und natürlich „Ratatouille" mit Ratte Remy (die heißt übrigens genauso wie mein Mann. Was sie gemeinsam haben: Beide essen gerne gut) und Meisterkoch Gusteau
Und welches ist Ihr Lieblingsfilm? Ich kann mich nicht entscheiden.

Gratinar algo la filete de cerdo con beicon

Das kommt uns spanisch vor und heißt so viel wie „Auflauf mit Schweinefilet und Speck“. Klingt aber auf Spanisch viel interessanter!

ZUTATEN FÜR 4 PORTIONEN

1 EL	Olivenöl für die Form
700 g	Schweinefilet
16	Scheiben Frühstücksspeck
½	Bund Petersilie
1	Knoblauchzehe
1	rote Chilischote
300 g	Crème fraîche
400 g	Sahne
2 EL	Tomatenketchup
	Salz
	Pfeffer aus der Mühle
2 TL	Currypulver
1 TL	Baharat (orientalische Gewürzmischung; aus dem Feinkostladen oder Online-Shop)
1	Bund Schnittlauch
1 TL	Sumach (siehe Tipp S. 44)

ZUBEREITUNG

- Den Backofen auf 175 °C (Umluft mit Oberhitze) vorheizen. Eine ofenfeste Form mit dem Olivenöl einfetten. Das Schweinefilet in 16 gleich dicke Scheiben schneiden (am besten vom Metzger). Jedes Filet mit 1 Scheibe Speck umwickeln und mit der Nahtseite nach unten in die Form legen.
- Die Petersilie waschen, trocken schütteln, die Blätter abzupfen und hacken. Den Knoblauch schälen und in feine Würfel schneiden. Die Chilischote längs halbieren, entkernen, waschen und in feine Ringe schneiden. Alles mit der Crème fraîche, der Sahne und dem Ketchup in einer Schüssel gut verrühren. Die Sauce mit Salz, Pfeffer, Currypulver und Baharat würzen und auf den Medaillons verteilen. Im Ofen auf der mittleren Schiene 50 bis 60 Minuten garen.
- Inzwischen den Schnittlauch waschen, trocken schütteln und in etwa 2 cm lange Röllchen schneiden.

Den Schweinefilet-Speck-Auflauf aus dem Ofen nehmen, mit den Schnittlauchröllchen bestreuen und mit Sumach würzen.

Viva España!

Bleiben wir doch gleich in der spanischen Küche: Servieren Sie dazu knackigen grünen Salat (Sommervariante) oder grüne Bohnen (Winter). (Kartoffel-)Tortillas wären zwar típico de hispanica, allerdings viel zu mächtig. Wie wäre es deshalb mit selbst gemachten Kartoffelchips? Rezept: Siehe Seite 30. Ja: Diese Chips darf man mit der Hand essen. Das ist der ganze Spaß dabei. Perfekte Begleiter sind zu diesem Dinner buntes Steingutgeschirr, farbige kleine Kacheln als Deko oder Untersetzer für Gläser, Salz-, Pfeffer- und Ölschälchen und dickwandige Gläser.

Schweinebraten nach Florentiner Art

Dafür bekommen Sie 3 Koch-Sterne!

ZUTATEN FÜR 4 PORTIONEN

2	Knoblauchzehen
4	Salbeiblätter
2 EL	Pinienkerne
1 EL	Rosmarinnadeln
1 EL	Fenchelsamen
	Salz
	Pfeffer aus der Mühle
5 EL	Olivenöl
1 kg	Schweinenacken (ohne Knochen)
4	Zweige Rosmarin
¼ l	trockener Weißwein
500 g	festkochende Kartoffeln (oder Marabelle. Halb und halb. Die finde ich auch besonders aromatisch-würzig.)
2	Bund Frühlingszwiebeln
2	Möhren
1	Bund Petersilie

ZUBEREITUNG

- Den Backofen auf 200 °C (Umluft mit Oberhitze) vorheizen. Den Knoblauch schälen und in feine Würfel schneiden. Die Salbeiblätter waschen, trocken tupfen und mit den Pinienkernen fein hacken. Alles mit den Rosmarinnadeln, den Fenchelsamen, Salz und Pfeffer sowie 2 EL Olivenöl in einer kleinen Schüssel zu einer Paste verrühren.
- Das Fleisch waschen, trocken tupfen und auf der Hautseite mehrmals quer etwa 1 cm tief einschneiden. Die Kräuterpaste in die Einschnitte streichen, die Einschnitte dabei am besten etwas auseinanderziehen. Die Rosmarinzweige waschen, trocken schütteln und auf die Hautseite legen, das Fleisch mit Küchengarn zu einem Braten in Form binden.
- Das restliche Olivenöl in einem Bräter erhitzen und das Fleisch darin bei mittlerer bis starker Hitze rundum anbraten. Dann den Wein angießen und den Schweinenacken im Ofen auf der mittleren Schiene 45 Minuten garen. Das Fleisch dabei öfter mit dem Bratensatz begießen.
- Die Kartoffeln schälen, waschen und in grobe Würfel schneiden. Die Frühlingszwiebeln putzen, waschen und in 7 bis 8 cm lange Stücke schneiden. Die Möhren putzen, schälen und ebenfalls in grobe Stücke schneiden. Kartoffeln, Frühlingszwiebeln und Möhren mischen und mit Salz und Pfeffer würzen.
- Das Fleisch aus dem Bräter nehmen, die Kartoffel-Gemüse-Mischung in den Bräter geben, den Braten daraufsetzen und alles im Ofen weitere 45 Minuten garen. Die Petersilie waschen, trocken schütteln, die Blätter abzupfen und grob hacken. Etwa 10 Minuten vor Ende der Garzeit auf den Braten und das Gemüse streuen.

Den Schweinebraten aus dem Ofen nehmen und mit einem scharfen Messer in Scheiben schneiden. Im Bräter mit den Kartoffeln, dem Gemüse und der Sauce servieren.

Lammkoteletts mit Marsala und Fenchel-Tomaten-Gemüse

So einfach geht XXL-Geschmack

ZUTATEN FÜR 4 PORTIONEN

2	Knoblauchzehen
1	Zwiebel
400 g	Honigtomaten
1	Fenchelknolle
12	Lammkoteletts
	Mehl zum Wenden
2 EL	Olivenöl
1 EL	Thymianblättchen
100 ml	Marsala (ital. Dessertwein)
	Salz
	Pfeffer aus der Mühle
1	Bund Dill

ZUBEREITUNG

- Den Knoblauch schälen und in feine Würfel schneiden. Die Zwiebel schälen und in feine Ringe schneiden. Die Tomaten waschen und halbieren. Den Fenchel putzen, waschen und in kleine Stücke schneiden.
- Die Lammkoteletts waschen, trocken tupfen und im Mehl wenden. Das Olivenöl in einer Pfanne erhitzen und die Lammkoteletts darin bei mittlerer bis starker Hitze auf jeder Seite etwa 2 Minuten anbraten. Mit den Thymianblättchen bestreuen und aus der Pfanne nehmen.
- Den Fenchel in der Pfanne im verbliebenen Bratensatz mit dem Knoblauch und den Zwiebelringen bei mittlerer Hitze 3 bis 4 Minuten unter Rühren braten. Den Marsala hinzufügen, alles mit Salz und Pfeffer würzen und die Tomaten dazugeben. Die Koteletts auf das Gemüsebett legen und alles nochmals 15 Minuten garen.

||||||||||||| Die Lammkoteletts mit dem Gemüse auf Tellern anrichten. Den Dill waschen, trocken schütteln, die Spitzen abzupfen, fein hacken und über das Gericht streuen.

Da fehlt doch was?

Es ist egal, wie einfach das Rezept ist – Hauptsache, es sieht lecker aus und schmeckt auch so. Es ist total nebensächlich, ob Sie Rosensträuße und Kerzen in silbernen Leuchtern auf dem Tisch stehen haben – worauf es wirklich ankommt: **STOFFservietten**. Keine PAPIERservietten. Und das Geschirr und die Decke etc. sollten zum Gericht passen. Also zu einem rustikalen Huhn aus Apulien (siehe Seite 78) keine Damasttischdecke und keine zierlichen Kristallgläser, die beim Anstoßen klingen, als würde Anna Netrebko eine Mini-Arie singen.

Lammschulter à la Orient

Abends speisen wie im Morgenland

ZUTATEN FÜR 4 PORTIONEN

50 g	Ingwer
3	rote Zwiebeln
3	Knoblauchzehen
2	rote Chilischoten
1	Bund Petersilie
2 TL	Kardamompulver
2 TL	Fenchelsamen
2 TL	Korianderkörner (grob zerkleinert)
2 TL	gemahlene Kurkuma
2 TL	Bockshornkleesamen (aus dem Asialaden)
	Salz
	Pfeffer aus der Mühle
9 EL	Öl
1	Lammschulter (ca. 900 g; ich bitte den Metzger immer, Fett, Sehnen und Knochen zu entfernen. So verliert die Schulter zwar ein bisschen ihre Form, aber ich finde, der Braten lässt sich einfacher aufschneiden und man verliert nicht so viel von der ober-leckeren Kruste)
¼ l	Lammfond oder Fleischbrühe
600 g	stückige Tomaten (aus der Dose)
200 g	Cocktailtomaten
1	Bund Frühlingszwiebeln
2 EL	Limettensaft
1	Bund Koriander

ZUBEREITUNG

- Den Backofen auf 190 °C (Umluft mit Oberhitze) vorheizen. Ingwer, Zwiebeln und Knoblauch schälen und in feine Würfel schneiden. Chilischoten längs halbieren, entkernen, waschen und fein hacken. Petersilie waschen, trocken schütteln, Blätter abzupfen und fein hacken.
- Den Ingwer mit Zwiebeln, Knoblauch, Chili, Kardamom, Fenchel, Koriander, Kurkuma, Bockshornklee und Petersilie in einer Schüssel gut mischen. Mit Salz und Pfeffer würzen und mit 5 EL Öl zu einer dicken Paste vermischen.
- Die restlichen 4 EL Öl in einem Bräter erhitzen und das Fleisch darin auf dem Herd rundum kräftig anbraten. Dann aus dem Bräter nehmen und den Bratensatz mit dem Fond ablöschen. Die stückigen Tomaten (samt Saft) dazugeben.
- Die angebratene Lammschulter dick mit der Ingwer-Gewürz-Paste bestreichen und die Paste mit einem Messer oder Löffel gut andrücken. Den Lammbraten auf die Tomaten setzen und im Ofen auf der mittleren Schiene gut 15 Minuten garen. Dann die Hitze auf 120 °C herunterschalten und den Braten weitere 1 Stunde und 20 Minuten garen.
- Die Cocktailtomaten waschen und je nach Größe halbieren oder vierteln. Die Frühlingszwiebeln putzen, waschen und in lange Stücke schneiden. Beides mit dem Limettensaft mischen, mit Salz würzen und etwa 10 Minuten vor Ende der Garzeit zur Lammschulter in den Bräter geben.
- Den Koriander waschen, trocken schütteln, die Blätter abzupfen und grob hacken. Nach Ende der Garzeit zur Lammschulter geben und alles nochmals bei 200 °C 5 bis 8 Minuten garen. Den Braten aus dem Ofen nehmen, in Scheiben schneiden und sich über die staunenden Augen der Gäste freuen!

Dazu passen gebratene Süßkartoffeln oder leicht getoastetes Fladenbrot (gibt es abgepackt in Supermärkten oder Asia-Geschäften). Außerdem könnte man noch einen Joghurt-Sahne-Mix mit Cumin, Zitronensaft und Koriander dazu reichen.

Hinterher werden alle sagen: „Motsahkerm!“ (Das ist persisch und bedeutet „Danke“.) Schon wieder was gelernt! :)

… und jetzt eine nicht so gute Nachricht:

Man kann sich beim Kochen vieles leicht machen. Zum Beispiel getrocknete statt frische Chilis verwenden (Seite 22) oder gekörnte Brühe statt aufwendig zubereitetem Fond. Aber wenn es um Ingwer geht, muss ich Ihnen sagen: Bitte Hände weg von gemahlenem Ingwer. Der schmeckt einfach nicht! Wer absolut null Lust hat, Ingwer zu schälen und klein zu schneiden, verwendet etwas mehr Pfeffer und würzt mit etwas Zitronensaft oder benutzt Macis (schmeckt fruchtig-würzig; gibt es gemahlen in Asialäden oder in Feinkost-Online-Shop).

Geflügel

Huhn aus Apulien

Dafür gibt's ganz viele Aaaahs und Ooohs

ZUTATEN FÜR 4 PORTIONEN

1	Bund Frühlingszwiebeln
3	Möhren
3	Knoblauchzehen
1	Bund Petersilie
½	Bund Estragon
1 kg	mehligkochende Kartoffeln
1	Freilandhähnchen (schon vom Metzger zerlegen lassen)
5	Lorbeerblätter
4	Zweige Rosmarin
3	Gläser trockener Weißwein (zum Beispiel einen Lugana)
¼ l	Olivenöl
	Salz
	Pfeffer aus der Mühle
1 TL	getrocknete Chilischoten
4 EL	geriebener Parmesan

ZUBEREITUNG

- Die Frühlingszwiebeln putzen, waschen und in nicht zu feine Ringe schneiden. Die Möhren putzen, schälen und in etwa 2 cm dicke Scheiben schneiden. Den Knoblauch schälen und in grobe Würfel schneiden. Die Petersilie waschen, trocken schütteln und grob hacken. Den Estragon waschen, trocken schütteln und die Blätter abzupfen. Die Kartoffeln waschen und mit der Schale in mundgerechte Stücke schneiden. Die Hähnchenteile waschen und trocken tupfen.
- Alle vorbereiteten und restlichen Zutaten – bis auf 2 Zweige Rosmarin – im Bräter mischen (am besten eignet sich ein Tontopf – diesen aber mindestens 1 Stunde vor Gebrauch wässern), den Deckel auflegen und 40 Minuten ziehen lassen. Anschließend den Topf mit dem Gericht in den kalten Backofen stellen, die Temperatur auf 190 °C (Umluft mit Oberhitze) einstellen und das Hähnchen mit dem Gemüse darin zugedeckt 1 ½ Stunden garen.
- 25 Minuten vor Ende der Garzeit den Deckel abnehmen, damit alles eine köstliche Kruste bekommt.

Das Hähnchen mit dem Gemüse aus dem Ofen nehmen, mit den restlichen Rosmarinzweigen dekorieren und dazu frisches Baguette servieren.

Hähnchen à la italiana mit Oliven

So fühlt man sich auch im Winter wie im Sommer

ZUTATEN FÜR 4 PORTIONEN

4	Hähnchenbrustfilets
3	rote Zwiebeln (in Würfeln)
13 EL	Olivenöl
2 TL	Paprikapulver (edelsüß)
150 ml	trockener Weißwein
12	Flaschentomaten
	Meersalz
	Pfeffer aus der Mühle
3	Knoblauchzehen
150 g	schwarze Oliven (ohne Stein)
2 TL	getrockneter Rosmarin
1–2 EL	Rotweinessig
	Salz
4	Zweige Rosmarin
1 TL	Kapern
1–2	Bund Minze
30 g	Mandelblättchen
3 EL	geriebener Parmesan

ZUBEREITUNG

- Die Hähnchenfilets waschen und trocken tupfen. Die Zwiebeln schälen, in Würfel schneiden und in einer großen Pfanne in 5 EL Olivenöl bei mittlerer Hitze andünsten. Die Filets dazugeben, mit dem Paprikapulver bestäuben und im Öl wenden, bis das Fleisch vollständig damit überzogen ist. Dann bei nicht zu schwacher Hitze etwa 10 Minuten rundum braten. Den Wein dazugießen (nicht über die Filets, damit die Kruste erhalten bleibt), die Hitze reduzieren, den Deckel auflegen und die Filets etwa 30 Minuten schmoren lassen.
- Inzwischen den Backofen auf 200 °C (Umluft mit Oberhitze) vorheizen. Die Tomaten waschen und längs halbieren, dabei die Stielansätze entfernen. Die Schnittflächen mit Meersalz und Pfeffer bestreuen. Ein Backblech mit 2 EL Olivenöl bestreichen, die Tomaten mit der Schnittfläche nach unten auf das Blech setzen und im Ofen auf der mittleren Schiene etwa 15 Minuten rösten.
- Den Knoblauch schälen und in grobe Würfel schneiden. Die Oliven grob hacken. 5 Minuten vor Ende der Garzeit den Deckel abnehmen, getrockneten Rosmarin, Knoblauch und Oliven zum Hähnchen geben. Den Essig hinzufügen und alles mit Salz und Pfeffer würzen. Die Hitze erhöhen, und die Fleisch-Oliven-Mischung nochmals etwas anbraten.

Vorsichtig umrühren und mit den Rosmarinzweigen und den Kapern dekorieren.

- Die gerösteten Tomaten in eine vorgewärmte ofenfeste Form geben. Die Minze waschen, trocken schütteln und die Blätter abzupfen. Mit den Mandelblättchen und dem restlichen Olivenöl im Küchenmixer oder mit dem Stabmixer pürieren. Den Parmesan und die verbliebene Bratflüssigkeit vom Blech dazugeben und unterrühren. Die Tomaten mit der Sauce beträufeln und zu den Hähnchenbrustfilets servieren.

Getoastetes Weißbrot ist der ideale Begleiter!

Fruchtiges Hähnchen in Pergament

Das ist fast wie Weihnachten: Hübsch eingewickelt und dann darf man auspacken

ZUTATEN FÜR 4 PORTIONEN

1	Stück Ingwer (ca. 5 cm)
6 EL	Olivenöl
3	rote Paprikaschoten
4	Stängel Zitronengras
	Salz
1 TL	gemahlene Kurkuma
4	Hähnchenbrustfilets (à ca. 150 g)
8	Kaffirlimettenblätter (gibt es auch getrocknet im Asialaden, einfach 30 Minuten im lauwarmen Wasser einweichen)
1	Bund Koriander
¼ l	Orangensaft
2 EL	brauner Zucker
200 g	Ananas (aus dem Glas oder der Dose)
3	rote Zwiebeln
2	grüne Chilischoten
2 EL	dunkle Sojasauce
2 EL	helle Sesamsamen

ZUBEREITUNG

- Den Backofen auf 200 °C (Umluft mit Oberhitze) vorheizen. Ein Backblech mit Backpapier auslegen. Den Ingwer schälen und fein reiben oder klein hacken und mit dem Olivenöl verrühren. Die Paprika längs vierteln, entkernen und waschen.
- Vom Zitronengras die äußeren harten Blätter entfernen, jeden Stängel der Länge nach halbieren und die Blätter etwas auseinanderzupfen. Etwas Salz und Kurkuma vermischen. Die Hähnchenbrustfilets waschen, trocken tupfen und in der Kurkuma-Salz-Mischung wenden.
- Von einer Rolle Butterbrotpapier 12 Blätter abschneiden (à etwa 35 cm lang). Jeweils 3 Blätter übereinanderlegen, sodass 4 Stapel entstehen. Auf die Mitte jedes Stapels 3 Paprikaviertel legen und salzen. Dann mit etwas Ingweröl (das mit dem Ingwer verrührte Öl!) beträufeln. Darauf 1 Kaffirlimettenblatt und ½ Zitronengrasstängel legen. Auf dieses Bett das Hähnchenbrustfilet setzen und mit einem zweiten Kaffirlimettenblatt sowie dem anderen ½ Zitronengrasstängel belegen. Alles mit etwas Ingweröl beträufeln.
- Den Koriander waschen, trocken schütteln, die Blätter abzupfen und auf die vier Päckchen verteilen. Das Papier über den Zutaten straff zusammenschlagen, die Enden fest zudrehen – wie ein Bonbon – und anschließend mit Küchengarn zubinden. Auf das Backblech legen und im Ofen auf der zweiten Schiene von unten 25 Minuten garen.
- Inzwischen den Orangensaft und den Zucker in einem Topf auf die Hälfte einkochen. Die Ananas gut abtropfen lassen und in kleine Stücke schneiden. Die Zwiebeln schälen und in feine Würfel schneiden. Die Chilischoten längs halbieren, entkernen, waschen und in feine Ringe schneiden. Ananas, Zwiebeln und Chilis mit der Orangen- und der Sojasauce verrühren. Den Sesam in einer beschichteten Pfanne anrösten und in die Ananas-Chili-Sauce geben.
- Die Hähnchen-Päckchen auf Teller setzen und die Ananas-Zwiebel-Chili-Sauce sowie nach Belieben Basmatireis dazu reichen.

Das ist das einzige Gericht, das ich mit Paprika mag. Ansonsten bin ich ja ein vehementer Gegner dieses Gemüses. Aber hier passt es perfekt. Und der Geschmack drängelt sich nicht so vor.

Eine Frage der Haltung (und des Geschmacks)

Manchmal frage ich mich, wie Menschen ernsthaft glauben können, dass sie für 2,59 Euro wirklich 400 Gramm gutes Hähnchenbrustfilet bekommen. Oder für 3,99 Euro 1 ganzes Kilogramm Schweinebraten. Wie soll das bitte gehen?
Ehrlich: Das beste Rezept nützt Ihnen absolut GAR NICHTS, wenn die Zutaten a) nicht frisch und b) von schlechter Qualität sind. Ich finde, wer mit Spaß und gut kochen will, der sollte darauf achten, dass Fleisch, Geflügel und auch Fisch aus artgerechter Haltung kommen. Ich finde außerdem, dass man nicht jeden Tag Fleisch, Geflügel, Fisch oder Wurst essen muss. Gut zu essen bedeutet für mich auch, mit gutem Gewissen zu essen.

Hähnchenbrust mit Grapefruit und rosa Pfeffer

Widerstand zwecklos!

ZUTATEN FÜR 4 PORTIONEN

600 g	Hähnchenbrustfilet
2	rosa Grapefruits
1	Bund Frühlingszwiebeln
1	Fenchelknolle (mit Grün)
3 EL	Butterschmalz
1 EL	Mehl
2 TL	Currypulver
	Salz
	Pfeffer aus der Mühle
	etwas Zitronensaft
1 TL	getrockneter Rosmarin
2 EL	rosa Pfefferbeeren
je 1	Bio-Zitrone und Bio-Limette

ZUBEREITUNG

- Das Hähnchenbrustfilet waschen, trocken tupfen und in mundgerechte Stücke schneiden. 1 Grapefruit mit einem scharfen Messer so großzügig schälen, dass auch die weiße Haut mitentfernt wird und anschließend die Filets aus den Trennhäuten schneiden. Alternativ die Grapefruit mit einem scharfen Messer so großzügig schälen, dass auch die weiße Haut mit entfernt wird. Dann quer in etwa 1 cm dünne Scheiben schneiden.
- Die zweite Grapefruit auspressen. Die Frühlingszwiebeln putzen, waschen und in etwa 3 cm lange Ringe schneiden. Die Fenchelknolle waschen, das Fenchelgrün abschneiden und grob hacken. Die Fenchelknolle putzen, waschen und in mundgerechte Stücke schneiden.
- Das Butterschmalz in einer großen Pfanne erhitzen und das Fleisch darin bei starker Hitze scharf anbraten. Mit Mehl und dem Currypulver bestäuben und mit Salz, Pfeffer und etwas Zitronensaft abschmecken. Mit dem Grapefruitsaft ablöschen. Rosmarin, Frühlingszwiebeln und Fenchel dazugeben und alles 10 Minuten köcheln lassen.
- Die rosa Pfefferbeeren und die Grapefruitfilets hinzufügen und alles weitere 5 Minuten garen.
- Die Zitrone und Limette heiß waschen, trocken reiben und die Schale mit dem Zestenreißer in feinen Streifen abziehen. Die Hähnchenpfanne mit den Zesten und dem Fenchelgrün bestreuen.

Und dazu? Nun, wie wäre es mit Fladenbrot? Einfach aus der Packung nehmen, kurz aufbacken und servieren. Oder Sie servieren dazu ein knusprigfrisches Baguette. Schneller geht es eigentlich nicht. Und da das Gericht schon so viele Aromen enthält, finde ich, dass das die beste Lösung ist.

Mariniertes Hähnchen mit Zucchini und Kräuter-Dip

Aus Liebe zum guten Geschmack

ZUTATEN FÜR 4 PORTIONEN

1	Bio-Zitrone
1 TL	gemahlener Kreuzkümmel
1 TL	getrocknete Chiliflocken
2 EL	getrockneter Thymian
1 TL	getrockneter Dill
2 TL	Baharat (orient. Gewürzmischung)
1 EL	süße Chilisauce (Fertigprodukt)
2 EL	Olivenöl
	Salz
	Pfeffer aus der Mühle
4	Hähnchenbrustfilets (à ca. 150 g)
2	Schalotten
350 g	Zucchini
1	Möhre
2	Zweige Thymian
2 EL	Butter
100 ml	Gemüsebrühe
200 g	Sahne
200 g	Frischkäse
2 TL	Kokosraspel
100 ml	Kokosmilch
je 1 Msp.	Zimt- und Korianderpulver
3	Stiele Minze
1	Bund Dill

ZUBEREITUNG

- Den Backofen auf 200 °C (Umluft mit Oberhitze) vorheizen. Die Zitrone heiß waschen, trocken reiben und die Schale mit dem Zestenreißer in feinen Streifen abziehen. Die Zitrone auspressen.
- Den Kreuzkümmel mit Chiliflocken, Thymian, Dill, Baharat, Chilisauce und dem Olivenöl gut verrühren. Mit Salz und Pfeffer würzen und die Zitronenzesten und den -saft untermischen.
- Die Hähnchenbrustfilets waschen, trocken tupfen und in der Marinade wenden. Eine ofenfeste Form mit Backpapier auslegen, die Marinade hineingießen und die Hähnchenbrustfilets darauflegen. Die Marinade nochmals mit einem Löffel auf dem Fleisch verteilen und das Fleisch anschließend im Ofen auf der mittleren Schiene 20 bis 25 Minuten garen.
- Die Schalotten schälen und in grobe Würfel schneiden. Die Zucchini putzen, waschen und mit dem Sparschäler der Länge nach in dünne Scheiben schneiden. Die Möhre putzen, schälen und ebenfalls mit dem Sparschäler längs in dünne Scheiben schneiden. Thymian waschen und trocken tupfen. Die Butter in einer Pfanne erhitzen und Schalotten, Zucchini und Möhre darin bei mittlerer Hitze anbraten. Mit der Brühe ablöschen, den Thymian dazugeben und alles 3 bis 4 Minuten garen. Mit Salz und Pfeffer würzen.
- Die Sahne mit dem Frischkäse, den Kokosraspel und der Kokosmilch verrühren. Die Creme mit Zimt und Koriander würzen und mit Salz und Pfeffer abschmecken.
- Die Minze waschen, trocken schütteln, die Blätter abzupfen und grob hacken. Das Hähnchen aus dem Ofen nehmen und mit der Minze bestreuen. Den Dill waschen, trocken schütteln, die Spitzen abzupfen und grob hacken. 1 TL über den Dip streuen und den Rest über das Zucchini-Möhren-Gemüse.

Eine perfekte Begleitung sind im Ofen gebratene Süßkartoffeln.

Würzige Entenbrust mit Pak Choi und Ananas

Happiness aus der Küche!

ZUTATEN FÜR 4 PORTIONEN

5	Pimentkörner
1 TL	weiße Pfefferkörner
1 TL	schwarze Pfefferkörner
1 TL	grobes Meersalz
2 TL	Paprikapulver (edelsüß)
4	Entenbrustfilets (à ca. 280 g)
1	Stück Ingwer (ca. 4 cm)
1	rote Chilischote
4	Frühlingszwiebeln
500 g	Pak Choi
300 g	Ananasringe (aus der Dose)
4 EL	Erdnussöl
2 EL	geschrotete Korianderkörner
2 TL	brauner Zucker
	Salz
	Pfeffer aus der Mühle
5 EL	Teriyakisauce
3 EL	dunkle Sojasauce
½	Bund Koriander
½	Bund Schnittlauch
3 EL	helle Sesamsamen

ZUBEREITUNG

- Die Piment- und Pfefferkörner in einer beschichteten Pfanne ohne Fett bei mittlerer Hitze 1 bis 2 Minuten rösten. Mit dem Meersalz im Mörser grob zerstoßen und das Paprikapulver untermischen.
- Den Backofen auf 180 °C (Umluft mit Oberhitze) vorheizen. Die Entenbrustfilets waschen, trocken tupfen, die Haut kreuzweise einschneiden und die Filets rundum mit dem Gewürz-Mix einreiben.
- Die Entenbrustfilets in einem beschichteten Bräter ohne Fett bei mittlerer Hitze – zunächst auf der Hautseite – anschließend rundum anbraten. Die Entenbrustfilets im Ofen auf der mittleren Schiene etwa 14 Minuten weitergaren.
- Den Ingwer schälen und fein hacken. Die Chilischote längs halbieren, entkernen, waschen und in feine Ringe schneiden. Die Frühlingszwiebeln putzen, waschen und in etwa 5 cm lange Ringe schneiden. Den Pak Choi putzen, waschen und längs vierteln. Die Ananas abgießen, dabei 2 EL Saft auffangen und beiseitestellen. Die Ananasringe in mundgerechte Stücke schneiden.
- Das Öl in einer Pfanne erhitzen. Ingwer, Chili, geschroteten Koriander und Frühlingszwiebeln bei mittlerer Hitze etwa 5 Minuten andünsten. Die Ananas dazugeben und alles 3 Minuten weiterdünsten. Mit dem Zucker bestreuen, den Ananassaft dazugießen und den Pak Choi dazugeben. Mit Salz und Pfeffer würzen und alles etwa 5 Minuten schmoren lassen.
- Teriyaki- und Sojasauce in einem kleinen Topf leicht erhitzen. Den Koriander waschen, trocken schütteln, die Blätter abzupfen und grob hacken. Die Sesamsamen in einer beschichteten Pfanne ohne Fett anrösten.
- Die Entenbrustfilets in Scheiben schneiden und mit der Sauce beträufeln. Das Gemüse mit dem Koriander und dem Sesamsamen garnieren und mit den Entenbrustfilets servieren.

Dazu passt am besten Reis. Vielleicht mit einem Hauch gemahlener Kurkuma verfeinert?!

Meine Ente ist so stur …

… und die Haut will nicht kross werden. Einfach mit Ahornsirup einpinseln. Oder in diesem Fall die Gewürze (Pfeffer, Salz und Paprikapulver) mit etwa 2 EL Ahornsirup vermischem und dann die Entenbrustfilets damit bestreichen. Kein Ahornsirup im Haus? Honig tut's auch, aber er sollte nicht zu flüssig sein.

Entenbrust mit Pflaumen, Erdnüssen und Koriander

Saftig, knackig, würzig – was will man mehr?

ZUTATEN FÜR 4 PORTIONEN

2	rote Zwiebeln
400 g	getrocknete Pflaumen (ohne Stein)
½ TL	getrockneter Chili
2 EL	brauner Zucker
8 EL	Aceto balsamico
2 Bund	Frühlingszwiebeln
800 g	Entenbrustfilet
	Salz
	Pfeffer aus der Mühle
2 EL	Olivenöl
1 TL	Bockshornkleesamen
1 Stück	Ingwer (ca. 3 cm)
2–3	Knoblauchzehen
8 EL	dunkle Sojasauce
	etwas Limettensaft
1 TL	getrocknete Minze
100 g	geröstete Erdnüsse (ungesalzen)
4	Stiele Minze

ZUBEREITUNG

- Die Zwiebeln schälen und in feine Würfel schneiden. Die Pflaumen in sehr feine Würfel schneiden. Zwiebeln, Pflaumen und Chili mit dem Zucker und dem Essig verrühren und die Sauce etwa 40 Minuten ziehen lassen.
- Die Frühlingszwiebeln putzen, waschen und in 3 bis 4 cm breite Ringe schneiden. Das Entenbrustfilet waschen, trocken tupfen, in vier gleich große Stücke schneiden und die Haut längs und quer im Abstand von etwa 1 cm einschneiden. Das Fleisch mit Salz und Pfeffer einreiben.

Achtung! Achtung! Unbedingt darauf achten, dass Sie a) ein wirklich scharfes Messer benutzen und b) nur die Haut einschneiden. NICHT in das Fleisch schneiden.

- In einer Pfanne 2 EL Olivenöl erhitzen und die Frühlingszwiebeln sowie die Bockshornkleesaat darin anbraten, mit Salz und Pfeffer würzen, herausnehmen und beiseitestellen. Die Entenbrust in der Pfanne im verbliebenen Bratfett auf der Hautseite bei mittlerer Hitze etwa 12 Minuten braten. Dann wenden und die Fleischseite ebenfalls bei mittlerer Hitze weitere 8 Minuten braten.
- Ingwer und Knoblauch schälen, in feine Würfel schneiden und zum Fleisch geben, die Sojasauce angießen und alles kurz aufkochen. Die Entenbrust mit der Haut nach oben etwa 3 Minuten in dem Sud schmoren lassen. Dann das Fleisch herausnehmen, in Alufolie wickeln und etwa 10 Minuten ruhen lassen.
- Frühlingszwiebeln und Bockshornkleesaat in der Sauce erhitzen. Die Pflaumen-Marinade dazugeben, alles kurz aufkochen und mit Salz, Pfeffer, Limettensaft und getrockneter Minze abschmecken.
- Die Erdnüsse grob hacken. Die frische Minze waschen, trocken schütteln, die Blätter abzupfen und grob hacken. Das Fleisch aus der Folie nehmen, aufschneiden und auf einer vorgewärmten Platte anrichten. Gemüse-Pflaumen-Mischung mit den Erdnüssen und der Minze bestreuen und dazu servieren.

Und was schmeckt dazu? Reis. Punkt. (Oder auch Couscous. Oder einfach Fladenbrot.)

Ein bisschen Alkohol kann ja nicht schaden

Saucen und Suppen verfeinere ich gern mal mit einem Schuss Alkohol. Mit Pernod, Orangenlikör, Noilly Prat (eigentlich ein MUST zu Fischgerichten), Weiß- oder Rotwein oder auch Grand Marnier oder Calvados. Oder auch Cassis. Ein bisschen Cassis in der Balsamico-Marinade gibt einen delikaten Twist! Hicks ...

Fisch

Heilbutt mit Gemüse aus dem Ofen

Voilà! Fisch-Haute-Couture aus der Provence für Genießer

ZUTATEN FÜR 4 PORTIONEN

je 200 g	Möhren, Zucchino, Mangold, und Aubergine
5	Tomaten
4	große rote Zwiebeln
5	Knoblauchzehen
5 EL	Olivenöl
1 TL	Ahornsirup
2 EL	Tomatenmark
3 TL	getrocknete Kräuter der Provence
	Salz, Pfeffer aus der Mühle
3–4 EL	Aceto balsamico
	etwas Zitronensaft
800 g	Heilbuttfilet (ohne Haut)
	Mehl zum Wenden
1	Bund Basilikum
1	Zweig Rosmarin
4	Zweige Thymian

ZUBEREITUNG

- Backofen auf 200 °C (Umluft mit Oberhitze) vorheizen. Möhren und Zucchino putzen, schälen bzw. waschen und in mundgerechte Stücke schneiden. Mangold waschen, die grünen Blätter entfernen und die Stiele in kleine Stücke schneiden. Aubergine putzen, waschen und in kleine Stücke schneiden. Tomaten waschen und in grobe Würfel schneiden, dabei die Stielansätze entfernen.
- Die Zwiebeln schälen und in grobe Würfel schneiden. Den Knoblauch schälen und grob hacken. Das Gemüse mit Zwiebeln und Knoblauch in einer Pfanne in 3 EL Olivenöl bei mittlerer bis starker Hitze rundum gut anbraten. Ahornsirup, Tomatenmark und Kräuter der Provence hinzufügen und alles kurz weiterbraten. Mit Salz und Pfeffer würzen und mit dem Essig ablöschen. Das Gemüse mit Zitronensaft abschmecken und in eine Auflaufform geben.
- Fischfilet waschen, trocken tupfen, salzen, pfeffern, mit Zitronensaft beträufeln und im Mehl wenden. Den Fisch im restlichen Olivenöl in einer Pfanne rundum bei starker Hitze kurz scharf anbraten. Den Fisch auf das Gemüse setzen und alles im Ofen auf der mittleren Schiene etwa 20 Minuten garen.
- Basilikum und Rosmarin waschen, trocken schütteln, die Blätter bzw. Nadeln abzupfen und grob hacken. Beides 5 Minuten vor Ende der Garzeit auf dem Fisch und dem Gemüse verteilen. Den Heilbutt und das Gemüse mit den Thymianzweigen garniert servieren. Lecker dazu ist ein knackig-frisches Baguette.

Schollenfilets auf die delikate Art – in Orangen-Lauch-Sauce

Für alle, die Überraschungen lieben

ZUTATEN FÜR 4 PORTIONEN

4	Schollenfilets (à 200 g)
	Salz
	Pfeffer aus der Mühle
	Zitronensaft
2 EL	Tafelmeerrettich (aus dem Glas)
3	Orangen
1	Stange Lauch
1	Bund Frühlingszwiebeln
1	rote Chilischote
2 EL	Öl
120 ml	Gemüsebrühe
3 EL	Crème fraîche
je 1 EL	getrockneter Dill und getrocknete Minze
je ½	Bund Petersilie und Dill
2 EL	Mandelblättchen

ZUBEREITUNG

- Die Fischfilets waschen, trocken tupfen, mit Salz und Pfeffer würzen und mit etwas Zitronensaft beträufeln. Jeweils eine Filetseite mit etwas Meerrettich bestreichen.
- Zwei Orangen mit einem scharfen Messer so großzügig schälen, dass auch die weiße Haut mit entfernt wird. Das Fruchtfleisch in Scheiben und anschießend in mundgerechte Stücke schneiden. Die dritte Orange schälen, in Scheiben schneiden und diese dann halbieren.
- Den Lauch putzen, waschen und in etwa 3 cm lange Ringe schneiden. Die Frühlingszwiebeln putzen, waschen und in dünne Ringe schneiden. Die Chilischote längs halbieren, entkernen, waschen und in dünne Streifen schneiden.
- Das Öl in einer Pfanne erhitzen und den Lauch, die Frühlingszwiebeln und die Chili darin anbraten. Mit der Gemüsebrühe ablöschen und alles kurz aufkochen lassen. Die Fischfilets daraufsetzen und zugedeckt bei schwacher Hitze etwa 5 Minuten garen.
- Den Fisch aus der Pfanne nehmen und warm halten. Die Crème fraîche unter das Lauchgemüse rühren, den Dill und die Minze dazugeben, alles mit Salz und Pfeffer abschmecken und kurz einkochen lassen. Die Orangenstücke unterrühren und den Fisch dazugeben. Alles nochmals kurz erwärmen.
- Die Petersilie und den Dill waschen, trocken schütteln, die Blätter bzw. Spitzen abzupfen und grob hacken. Die Mandelblättchen in einer beschichteten Pfanne ohne Fett hell rösten.
- Petersilie, Dill und Mandelblättchen über das Fischgericht streuen und mit den Orangenscheiben garniert servieren.

Was so leicht und fruchtig ist, verträgt keine schwere Begleitung. Ich serviere diesen Fisch mit Reis oder kleinen gekochten Kartoffeln, die ich noch mal kurz in Butter anbräune.

Fisch-Eintopf mit Fenchel und Tomaten

Da kann sich eine Bouillabaisse aber mal schnell verstecken!

ZUTATEN FÜR 4 PORTIONEN

2	Zwiebeln
2	Fenchelknollen (à 200 g)
6 EL	Olivenöl
200 ml	Weißwein
400 ml	Fischfond
1	Döschen gemahlener Safran
je 1 TL	getrockneter Dill, Estragon und Kerbel
1 TL	getrocknetes Basilikum
340 g	Lauch
2 EL	Butter
2 TL	Zucker
4 EL	Pernod (franz. Anisée)
250 g	Tomaten
	Salz
	Pfeffer aus der Mühle
	etwas Zitronensaft
je 2	Zweige Thymian und Rosmarin
3	Knoblauchzehen
700 g	gemischte Fischfilets (z.B. Rotbarsch, Kabeljau, Lachs)
je 1	Bund Dill und Schnittlauch

ZUBEREITUNG

- Die Zwiebeln schälen und in Ringe schneiden. Den Fenchel putzen, waschen und in mundgerechte Stücke schneiden. In einem Topf 4 EL Olivenöl erhitzen und Zwiebeln und Fenchel darin andünsten, mit dem Wein und dem Fond ablöschen. Den Safran und die Kräuter unterrühren und das Gemüse 15 bis 20 Minuten köcheln lassen.
- Den Lauch putzen, waschen und in 3 bis 4 cm lange Stücke schneiden. Die Butter in einer beschichteten Pfanne erhitzen und den Lauch darin bei mittlerer Hitze anbraten. Dann die Temperatur erhöhen, den Zucker darüberstreuen und karamellisieren lassen, mit dem Pernod ablöschen.
- Inzwischen die Tomaten waschen, halbieren, entkernen und in dünne Scheiben schneiden, dabei die Stielansätze entfernen. Zum Fenchel in den Topf geben und alles mit Salz und Pfeffer würzen und mit Zitronensaft abschmecken. Noch 4 Minuten ziehen lassen.
- Den Thymian und Rosmarin waschen und trocken schütteln. Den Knoblauch schälen und grob zerdrücken. Die Fischfilets waschen, trocken tupfen und eventuelle Gräten entfernen. Das restliche Olivenöl in einer beschichteten Pfanne erhitzen und die Kräuterzweige und den Knoblauch hineingeben, die Fischfilets daraufsetzen und bei mittlerer Hitze auf beiden Seiten etwa 4 Minuten kross braten.
- Den Dill waschen, trocken tupfen, die Spitzen abzupfen und grob hacken. Den Fisch mit einem Pfannenwender in der Pfanne in grobe Stücke teilen. Dill, Fisch und Lauch in die Suppe geben und kurz darin erhitzen. Den Schnittlauch waschen, trocken schütteln, in nicht zu kurze Röllchen schneiden und auf den Eintopf streuen.

Dazu nach Belieben Baguette servieren. Und sich schon mal auf die glänzenden Augen der Gäste freuen.

„Waas? Eine Suppe mit Fisch und Gemüse? Was hat das mit ‚Cooking for compliments' zu tun?" Vergessen Sie jetzt bitte sofort Ihre Vorurteile. Das hier ist ein kulinarisches Erlebnis, mit dem ich schon mindestens fünf Jahren jede Menge Punkte sammle. Und bisher hat noch jeder Gast um das Rezept gebettelt. Ehrlich. Sie dürfen mir gerne eine Dankes-Mail oder einen Compliments Letter schreiben.

Ein heißes Bad für den Fisch

Wenn Sie es sich ein bisschen einfacher machen wollen, geben Sie die gewaschenen und trocken getupften, aber NICHT angebratenen, aber in mundgerechte Stücke geschnittenen Fischfilets einfach 12 bis 15 Minuten (je nach Größe) vor dem Servieren in den Eintopf und lassen sie in dem Sud gar ziehen. Damit auch das Auge eine Freude hat: Fischfilets mit Kräutern der Provence bestreuen und dann in den Eintopf geben. NICHT wenden. NICHT umrühren.

Gewürzter Seeteufel mit Kartoffeln, Oliven und Tomaten

Das kommt allen wunderbar marrokanisch vor!

ZUTATEN FÜR 4 PORTIONEN

4	Knoblauchzehen
1	Bund Koriander
½	Bund Petersilie
1	rote Chilischote
je 1 EL	gemahlener Kreuzkümmel und gemahlene Kurkuma
1 EL	getrockneter Dill
	Salz
2 EL	Zitronensaft
5 EL	Olivenöl
1	Seeteufel (1–1,4 kg; vom Fischhändler geschuppt und küchenfertig ausgenommen. Wenn Sie keine ganzen Fische servieren mögen, können Sie auch 800 g Fischfilet verwenden. Aber ein ganzer Fisch sieht einfach leckerer aus. Finde ich.
6	Tomaten
4	rote Zwiebeln
500 g	neue Kartoffeln
je 50 g	grüne und schwarze Oliven (ohne Stein)
5	Zweige Thymian
2–3 EL	Erdnussöl zum Beträufeln

ZUBEREITUNG

- Den Knoblauch schälen. Den Koriander und die Petersilie waschen, trocken schütteln und mit den Stielen grob hacken. Die Chilischote längs halbieren, entkernen, waschen und in feine Streifen schneiden.
- Alles mit Kreuzkümmel, Kurkuma und Dill mischen und mit etwas Salz und Zitronensaft im Küchenmixer zerkleinern. Das Olivenöl langsam dazugießen und so lange mixen, bis eine cremige Paste entstanden ist.
- Den Fisch innen und außen waschen, trocken tupfen und auf beiden Seiten jeweils 3 bis 4 mal schräg einschneiden. Dann den Fisch in eine Auflaufform geben, rundum mit der Gewürzpaste einreiben und mit Frischhaltefolie zugedeckt etwa 30 Minuten im Kühlschrank marinieren.

In der Zwischenzeit die Nägel lackieren? Einen Power Nap machen? Endlich die Geburtstagskarte an Tante Ännie schreiben? Ein Bad nehmen?

- Den Backofen auf 200 °C (Umluft mit Oberhitze) vorheizen. Die Tomaten waschen und in dünne Scheiben schneiden, dabei die Stielansätze entfernen. Die Zwiebeln schälen und vierteln. Die Kartoffeln gründlich waschen und in etwa 2 mm dünne Scheiben schneiden. Die Oliven halbieren. Den Thymian waschen und trocken schütteln.
- Tomaten, Zwiebeln, Kartoffeln sowie Oliven rund um den Fisch in der Auflaufform verteilen und die Thymianzweige auf den Fisch legen. Alles mit etwas Erdnussöl beträufeln und im Ofen auf der mittleren Schiene 40 bis 45 Minuten garen. Dabei den Fisch öfter mit der Garflüssigkeit übergießen.

Den Fisch mit dem Gemüse in der Auflaufform servieren.

Wolfsbarsch, wie die Griechen ihn lieben

Was soll man dazu sagen? Am liebsten möchte man hinterher vor lauter Freude einen Sirtaki tanzen. Wenn man nicht so wohlig satt wäre ...

ZUTATEN FÜR 4 PORTIONEN

1	Wolfsbarsch (ca. 1 kg, oder auch ein Seebarsch oder eine Goldbrasse; vom Fischhändler schuppen und küchenfertig ausnehmen und auch die Flossen abschneiden lassen)
	Salz
	Pfeffer aus der Mühle
1 EL	getrockneter Majoran
120 g	Schalotten
1	Knoblauchzehe
350 g	Tomaten
1	kleine rote Chilischote
3 EL	getrocknete Petersilie
2 EL	getrockneter Dill
9–10 EL	Olivenöl
3 EL	Weißwein
1	Bund Frühlingszwiebeln
200 g	rote Zwiebeln
2	Bio-Zitronen
60 g	Butter
50 g	Weißbrotbrösel
8	Stiele Majoran

ZUBEREITUNG

- Den Backofen auf 200 °C (Umluft mit Oberhitze) vorheizen. Den Fisch innen und außen waschen, trocken tupfen und die Haut auf beiden Seiten mehrmals kreuzweise einritzen. Etwas Salz und Pfeffer mit dem Majoran mischen und die Gewürzmischung in die Bauchhöhle und die Einschnitte des Fischs geben.
- Die Schalotten und den Knoblauch schälen und in feine Würfel schneiden. Die Tomaten waschen und in kleine Würfel schneiden, dabei die Stielansätze entfernen. Die Chilischote längs halbieren, entkernen, waschen und in feine Streifen schneiden.
- Schalotten, Knoblauch, Tomaten, Chili, Petersilie und Dill in einer Schüssel vermischen. 5 bis 6 EL Olivenöl und den Weißwein unterrühren und alles mit Salz und Pfeffer würzen. Die Frühlingszwiebeln putzen, waschen, in etwa 4 cm lange Stücke schneiden und zur Schalotten-Tomaten-Mischung geben.
- Die Zwiebeln schälen und in etwa 3 mm dicke Scheiben schneiden. Die Zitronen heiß waschen, trocken reiben und in 3 bis 4 mm dicke Scheiben schneiden. Die Hälfte der Zitronenscheiben noch mal halbieren und beiseitelegen.
- Die Butter in einer beschichteten Pfanne zerlassen, die Weißbrotbrösel einrühren und die Pfanne vom Herd nehmen.
- Eine Auflaufform mit 2 EL Olivenöl einfetten. Den Fisch hineinlegen und mit einem Teil der Schalotten-Tomaten-Mischung die Bauchhöhle des Fisches füllen. Die restliche Gemüsemischung um den Fisch herum verteilen. Die Zwiebel- und Zitronenscheiben auf dem Fisch und dem Gemüse verteilen. Die Semmelbrösel-Butter-Mischung auf dem Fisch verteilen. Mit 1 bis 2 EL Olivenöl beträufeln und im Ofen auf der mittleren Schiene 40 bis 45 Minuten garen.
- Mit dem Majoran und den beiseitegelegten halbierten Zitronenscheiben aufhübschen. Mit warmem Pitabrot servieren.

PS: Da ich ein Liebhaber von knusprigen Krusten und Toppings bin, rühre ich meistens immer mehr von dieser Semmelbröselmischung an. Und variiere sie nach Lust und Laune – mal mische ich gehackte und ungesalzene Erdnüsse drunter, mal ein Pesto (Fertigprodukt), mal Kokosraspel oder auch mal zerbröselte Kräcker oder Salzstangen. Ober-mega-lecker!

Scharfe Seelachswürfel mit Asia-Gemüse und Erdnuss-Dip

Nein, das müssen Sie nicht mit Stäbchen essen.

ZUTATEN FÜR 4 PORTIONEN

600 g	Seelachsfilet (oder Steinbeißerfilet)
6 EL	Rapsöl
2½ EL	helle Sojasauce
2 EL	süß-scharfe Chilisauce
1 EL	Baharat (ersatzweise chinesisches 5-Gewürze-Pulver)
	Salz
	Pfeffer aus der Mühle
200 g	kleine Zwiebeln
300 g	Möhren
150 g	Shiitake-Pilze
200 g	Zuckerschoten
1	Bund Frühlingszwiebeln
100 g	Mungobohnensprossen (aus dem Glas)
2 TL	Sesamöl
4 EL	Olivenöl
1	Bio-Limette
½	Schnittlauch
1 EL	schwarze Sesamsamen
300 g	Naturjoghurt
100 g	Sahne
6 EL	geröstete Erdnüsse (ungesalzen)
	etwas Zitronensaft
1 TL	Sumach (siehe Tipp S. 44)

ZUBEREITUNG

- Das Seelachsfilet waschen, trocken tupfen und in mundgerechte Würfel schneiden. In einer großen Schüssel 2 EL Rapsöl, 1 EL Sojasauce, süß-scharfe Chilisauce und Baharatpulver gut verrühren und die Fischwürfel damit marinieren.
- Das restliche Rapsöl in einer Pfanne erhitzen und den Fisch darin bei mittlerer Hitze rundum insgesamt 4 Minuten braten. Mit Salz und Pfeffer würzen.
- Die Zwiebeln schälen und in grobe Würfel schneiden. Die Möhren putzen, schälen, längs halbieren und schräg in etwa 1 cm lange Stücke schneiden. Die Pilze putzen, trocken abreiben und halbieren. Die Zuckerschoten putzen, waschen und schräg halbieren.
- Die Frühlingszwiebeln putzen, waschen und schräg in etwa 4 cm lange Stücke schneiden. Die Sprossen abtropfen lassen.
- Das Sesam- und Olivenöl in einer Pfanne erhitzen und Zwiebeln und Möhren darin zugedeckt bei mittlerer Hitze andünsten, dabei mehrmals wenden. Die Pilze hinzufügen und die restliche Sojasauce angießen. Alles weitere 3 Minuten garen, dann Zuckerschoten, Frühlingszwiebeln und Sprossen dazugeben und alles weitere 4 Minuten garen. Mit Salz und Pfeffer würzen.
- Die Limette heiß waschen, trocken reiben und die Schale mit dem Zestenreißer in feinen Streifen abziehen. Limettenzesten zum Gemüse geben. Den Schnittlauch waschen, trocken schütteln, in etwa 4 cm lange Röllchen schneiden und mit dem Sesam über das Gemüse streuen.
- Den Joghurt mit der Sahne verrühren. Die Erdnüsse grob hacken und unter die Joghurt-Sahne-Mischung rühren. Den Dip mit Zitronensaft abschmecken und mit dem Sumach bestreuen. Die gebratenen Seelachswürfel mit dem Asia-Gemüse und dem Erdnuss-Dip servieren.

Liebe Tante Gerda,

jetzt bitte mal weghören!
Liebe Verwandte – wie Tante Gerda – machen einem ja gerne eine Freude. Zum Geburtstag. Zu Weihnachten. Und ein immer wieder gern gewähltes Geschenk ist eine Blumenvase. Ich mag aber viel lieber ungewöhnliche Kurzzeit-Heime für Blumen. Wie Einmachgläser. Leere kleine Limo-Flaschen (aufgehängt an einem bunten Band) oder Teeschalen.

Pasta

Ofen-Fettuccine mit Hähnchen und Radicchio

... das würden italienische Restaurants am liebsten sofort auf ihre Karte nehmen!

ZUTATEN FÜR 4 PORTIONEN

200 g	frischer Blattspinat
1	Kopf Radicchio (ca. 200 g)
400 g	frische Fettuccine (aus dem Kühlregal)
	Salz
400 g	Hähnchenbrustfilet
	Pfeffer aus der Mühle
3 EL	Olivenöl
1 EL	Paprikapulver (edelsüß)
½	Bund Basilikum
4–5 EL	trockener Weißwein
3 EL	Basilikum-Pesto (Fertigprodukt)
	etwas Zitronensaft
150 g	Parmesan (am Stück)
1	Bund Dill
2 EL	geröstete Mandelblättchen

ZUBEREITUNG

- Den Spinat verlesen und waschen, grobe Stiele entfernen und auf einem Sieb abtropfen lassen. Die äußeren Blätter vom Radicchio entfernen. Den Radicchio waschen, vierteln, den Strunk herausschneiden und den Salat in grobe Stücke schneiden.
- Nudeln in reichlich kochendem Salzwasser nach Packungsanweisung bissfest garen. In ein Sieb abgießen und abtropfen lassen. Das Hähnchenbrustfilet waschen, trocken tupfen, mit Salz und Pfeffer würzen und in einer großen Pfanne im Öl bei mittlerer Hitze 10 Minuten rundum anbraten. Dann das Fleisch mit dem Paprikapulver bestreuen, aus der Pfanne nehmen, warm halten.
- Das Basilikum waschen, trocken schütteln, die Blätter abzupfen und grob schneiden. Den Radicchio und die Hälfte des Spinats im verbliebenen Bratfett in der Pfanne bei mittlerer Hitze 1 Minute anbraten und anschließend mit dem Wein ablöschen. Das Pesto unterrühren und mit dem Zitronensaft abschmecken. Nudeln, Basilikum und restlichen Spinat hinzufügen. Alles erhitzen, mit Salz und Pfeffer würzen und bei milder Hitze etwa 3 Minuten köcheln lassen.
- Das Hähnchenfleisch in Streifen schneiden. Den Parmesan mit dem Sparschäler in Streifen hobeln. Den Dill waschen, trocken schütteln, die Spitzen abzupfen und grob hacken. Das Hähnchen mit der Nudel-Gemüse-Mischung anrichten, mit den Parmesanspänen, den Mandeln und dem Dill anrichten.

Spaghetti à la Little Italy – mit Parmaschinken und Perlzwiebeln

Diese Leckerei bekommt man nur in der New Yorker Lower East Side (Das wird sich jetzt ändern.)

ZUTATEN FÜR 4 PORTIONEN

400 g	Spaghetti
	Salz
100 g	gekochter Schinken (am Stück)
200 g	Perlzwiebeln (aus dem Glas)
4 EL	Olivenöl
1 EL	getrocknetes Basilikum
2	Knoblauchzehen
2 TL	getrocknete Chiliflocken
1 TL	getrockneter Rosmarin
	Pfeffer aus der Mühle
150 g	Parmaschinken
200 g	Parmesan (am Stück)
½	Bund Basilikum
4	Zweige Rosmarin
	etwas Limettensaft

ZUBEREITUNG

- Die Spaghetti in reichlich kochendem Salzwasser nach Packungsanweisung bissfest garen. Den gekochten Schinken in feine Würfel schneiden. Die Perlzwiebeln abtropfen lassen. Das Olivenöl in einer Pfanne erhitzen und den Schinken, das Basilikum sowie die Zwiebeln darin bei mittlerer Hitze etwa 6 Minuten anbraten.
- Knoblauch schälen, in feine Würfel schneiden und zur Schinken-Zwiebel-Mischung geben. Alles mit 1 TL Chiliflocken, Rosmarin, Salz und Pfeffer würzen.
- Den Parmaschinken in größere Stücke schneiden, den Parmesan (mit dem Sparschäler) in grobe Späne hobeln. Das Basilikum waschen, trocken schütteln, die Blätter abzupfen und in grobe Streifen schneiden. Den Rosmarin waschen und trocken schütteln.
- Die Pasta abgießen, kurz abtropfen lassen und in die Schinken-Zwiebel-Mischung geben. Den Parmaschinken und die Basilikumstreifen sowie zwei Drittel der Parmesanspäne dazugeben und alles locker mischen. Nochmals 4 Minuten braten und mit Salz, Pfeffer und Limettensaft abschmecken.
- Mit dem restlichen Parmesan und den Chiliflocken bestreuen und mit den Rosmarinzweigen garniert servieren.

Was für eine Ehre!

Es gibt ja nichts, was es nicht gibt. Und so gibt es selbstverständlich auch einen **Weltnudeltag**. Und der wird traditionell (seit 1995) jedes Jahr am 25. Oktober gefeiert.

Weitere passende Gedenk- und Feiertage für Pasta-Einladungen (falls Sie denn einen suchen oder brauchen):
Am 17. Januar findet alljährlich der **Tag der italienischen Küche** statt. Dazu muss ich nicht mehr sagen, oder?
Am 7. März wird der **Tag der gesunden Ernährung** begangen. Und Nudeln enthalten bekannterweise nahezu kein Fett, dafür aber reichlich pflanzliches Eiweiß, B-Vitamine, Vitamin E, Kalium, Magnesium und Eisen. Besonders Vollkornnudeln liefern hier Spitzenwerte.
Am 21. Juni fängt – laut Kalender – **der Sommer** an. Und Pasta schmecken eindeutig nach Sonne! Punkt!

Casarecce mit zweierlei Cocktailtomaten, Avocado und Garnelen

Erstaunlich, dass so etwas Köstliches in so kurzer Zeit fertig ist ...

ZUTATEN FÜR 4 PORTIONEN

350 g	Casarecce (oder Rigatoni)
	Salz
2	Limetten
20	rohe Riesengarnelen (ohne Kopf)
250 g	rote Cocktailtomaten
250 g	gelbe Cocktailtomaten
2 EL	Olivenöl
1 TL	Baharat (ersatzweise ½ TL gemahlene Kurkuma)
4 EL	Ahornsirup
2 EL	Aceto balsamico
1	reife Avocado
2 TL	getrockneter Oregano
	Pfeffer aus der Mühle
½	Bund Dill
	einige Oreganoblätter

ZUBEREITUNG

- Die Casarecce in reichlich kochendem Salzwasser nach Packungsanweisung bissfest garen. Die Limetten auspressen. Die Garnelen bis auf das Schwanzende aus den Schalen lösen (clever, wenn Sie das schon den Fischhändler erledigen lassen) und den dunklen Darm mit einem spitzen Messer entfernen. Garnelen waschen, trocken tupfen und mit der Hälfte des Limettensaftes beträufeln.
- Die Cocktailtomaten waschen und gut abtropfen lassen. Das Olivenöl in einer großen Pfanne erhitzen und die Garnelen darin bei mittlerer Hitze rundum anbraten, mit Salz würzen und mit Baharat bestreuen. Den Ahornsirup und den Essig dazugeben, alles kurz erhitzen und dabei mehrmals wenden.
- Die Avocado halbieren, schälen, den Kern entfernen und das Fruchtfleisch in Würfel schneiden. Mit dem restlichen Limettensaft beträufeln und salzen.
- Die Nudeln, die Avocado, die Cocktailtomaten und den Oregano unter die Garnelen mischen, mit Salz und Pfeffer würzen. Dill waschen, trocken schütteln und die Spitzen abzupfen. Oregano waschen und trocken tupfen. Die Nudeln mit dem Dill und den Oreganoblättern anrichten.

Was Nudeln lieben ...

... pro 100 Gramm in 1 Liter Salzwasser gekocht zu werden.

... wenn kein Öl das Nudelwasser trübt. Denn es benetzt die Oberfläche der Nudeln und sie können dann die Sauce nicht mehr gut aufnehmen.

... wenn sie keinen auf den Deckel bekommen, sondern im offenem Topf gekocht werden.

... wenn sie vom Herd genommen werden, solange sie noch etwas Biss haben. Denn sie garen nach dem Abschütten noch etwas nach.

Muschelnudeln mit Estragon-Fenchel und Forelle in Anis-Sauce

Pasta + Gemüse + Fisch + Fenchel + Anis = Das Glück hat manchmal in einem Teller Platz

ZUTATEN FÜR 4 PORTIONEN

400 g	Muschelnudeln
	Salz
1	Stange Lauch (ca. 200 g)
2	Fenchelknollen (ca. 600 g)
4	geräucherte Forellenfilets (ca. 500 g)
2 EL	Butter
2 TL	getrockneter Estragon
5 EL	Anisschnaps
200 g	Sahne
	Pfeffer aus der Mühle
	Zitronensaft
½	Bund Dill
½	Bund Estragon
½	Bio-Zitrone

ZUBEREITUNG

- Die Nudeln in reichlich Salzwasser nach Packungsanweisung bissfest garen. Den Lauch putzen, waschen und in etwa 2 cm lange Ringe schneiden. Den Fenchel putzen, waschen und in mundgerechte Stücke schneiden. Die Forellenfilets in mundgerechte Stücke schneiden.
- Die Butter in einem Topf erhitzen und Lauch und Fenchel darin bei mittlerer Hitze anbraten. Den getrockneten Estragon hinzufügen und alles 4 bis 5 Minuten erhitzen. Mit dem Anisschnaps und der Sahne ablöschen und die Sauce mit Pfeffer und Zitronensaft abschmecken.
- Den Dill waschen, trocken schütteln und die Spitzen grob abzupfen. Den Estragon waschen, trocken schütteln und 4 Stiele beiseitelegen. Von den restlichen Stielen die Blätter abzupfen. Die Zitrone heiß waschen, trocken reiben und in dünne Scheiben schneiden, die Scheiben halbieren.
- Dillspitzen und Estragonblätter mit den Forellenstücken in die Sauce geben. Die Nudeln unterheben. Die Zitronenscheiben und die Estragonstiele dekorativ seitlich (Zitronen) und auf dem Gericht (Estragon) verteilen.

Teil 2: Was Nudeln lieben …

… wenn sie nicht kalt abgeschreckt werden. Das spült die Stärke von den Nudeln und die Sauce haftet nicht mehr richtig. Außerdem werden sie schneller kalt.

… wenn sie schon vor dem Servieren mit der Sauce vermischt werden – so bleiben sie warm und verkleben nicht.

… wenn die Gäste auf die Nudeln warten, nicht umgekehrt! Nudeln sind schließlich stolze Italiener!

Maccheroni-Gratin mit geschmortem Rindfleisch aus der Provence

In Frankreich nennt man es Bœuf en Daube à la Provençale avec la macaronade

ZUTATEN FÜR 4 PORTIONEN

1 kg	Rindfleisch (Bratenstück)
	Salz
	Pfeffer aus der Mühle
2	Zwiebeln
5	Möhren
700 ml	Rotwein
50 ml	Rotweinessig
3 TL	getrockneter Thymian
1 TL	getrockneter Rosmarin
1 TL	Paprikapulver (edelsüß)
2	getrocknete Lorbeerblätter
3	Gewürznelken
3	Knoblauchzehen
1	Bio-Orange
100 g	Speckwürfel
2 TL	getrocknete Petersilie
300 ml	Fleischbrühe
350 g	kurze Maccheroni
	Olivenöl für die Form
200 g	geriebener Greyerzer (aus dem Kühlregal)
4	Zweige Thymian
2	Zweige Rosmarin
4	Zweige Lavendel (oder alternativ ein paar getrocknete Lavendelblüten)

ZUBEREITUNG

- Das Rindfleisch in 1 cm große Würfel schneiden, mit Salz und Pfeffer würzen. Die Zwiebeln schälen und in grobe Würfel schneiden. Die Möhren putzen, schälen und längs in 5 bis 6 cm lange und 1 cm dicke Stifte schneiden.
- Den Rotwein mit Essig, Thymian, Rosmarin, Paprikapulver, 1 Lorbeerblatt, die Hälfte der Zwiebelwürfel und den Nelken in einer großen Schüssel vermischen, die Möhren hinzufügen. Das Fleisch dazugeben und – am besten schon einen Tag vor der Zubereitung – im Kühlschrank durchziehen lassen. Ist doch gut. So haben Sie am Tag des Kochens nicht mehr so viel zu tun!
- Am nächsten Tag das Fleisch mit dem Schaumlöffel aus der Marinade nehmen. Die Marinade durch ein Sieb (damit die Kräuter nicht mit in den Topf kommen) in einen Topf gießen und so lange köcheln lassen, bis sie um die Hälfte reduziert ist. Den Knoblauch schälen und in feine Würfel schneiden. Die Orange auspressen.
- Die Speckwürfel in einem Bräter ohne Fett anbraten, die restlichen Zwiebelwürfel und den Knoblauch hinzufügen und kurz mitbraten. Die Zwiebel-Knoblauch-Speck-Mischung aus dem Topf nehmen und beiseitestellen. Das Fleisch im verbliebenen Bratfett rundum anbraten. Dann die Möhren, die Zwiebel-Knoblauch-Speck-Mischung und das zweite Lorbeerblatt zum Fleisch geben und die eingekochte Marinade angießen. Den Orangensaft und die Petersilie in die Sauce rühren. Die Brühe angießen, den Deckel auflegen und alles bei mittlerer Hitze etwa 2 Stunden köcheln lassen.
- Den Backofen auf 200 °C vorheizen. Die Maccheroni in reichlich kochendem Salzwasser nach Packungsanweisung bissfest garen. Eine ofenfeste Form mit Öl einfetten. Die Maccheroni lagenweise mit dem Käse und dem Rindfleisch in die Form schichten, mit Käse abschließen. Alles mit etwa 200 ml Saucenflüssigkeit begießen und das Maccheroni-Gratin auf der mittleren Schiene etwa 30 Minuten überbacken.

Die Thymian- und Rosmarinzweige waschen, trocken schütteln und auf dem Fleisch verteilen. Alles mit ein paar Lavendelzweigen aufhübschen.

Duo français

Ich serviere das Gericht immer so: In einem vorgewärmten großen Schmortopf mit niedrigem Rand. Oder auf einer – vorgewärmten großen Platte mit typisch französischem Dekor, in der Mitte das Fleisch und drumherum die Maccheroni. Und jeder darf und soll sich bei Tisch selbst bedienen. Dazu ein französischer Rotwein vom Land – und der Abend könnte nicht perfekter sein.

Pasta mit Hähnchen, Mango und Lauch

Mehr Schein als Sein – das darf ruhig manchmal sein. Hauptsache, die Gäste sind glücklich

ZUTATEN FÜR 4 PORTIONEN

350 g	asiatische Eiernudeln
	Salz
7 EL	Olivenöl
450 g	Hähnchenbrustfilet
1 TL	gemahlene Kurkuma
1	Stange Lauch
2 TL	getrockneter Chili
2 EL	dunkle Sojasauce
1 TL	dunkles Sesamöl
	Saft von 1 Limette
	Pfeffer aus der Mühle
je 1 TL	helle und dunkle Sesamsamen
1 Stück	Ingwer (5–6 cm)
1	reife Mango
1 EL	Chiliflocken
1	Bund Schnittlauch

ZUBEREITUNG

- Die Eiernudeln in reichlich kochendem Salzwasser mit 3 EL Olivenöl bissfest garen. In ein Sieb abgießen und gut abtropfen lassen. Das Hähnchenbrustfilet waschen, trocken tupfen und in dünne Scheiben schneiden. Die Hähnchenbrustscheiben mit Kurkuma bestäuben.
- Den Lauch putzen, waschen und den weißen und hellgrünen Teil in feine Ringe schneiden. Das dunklere Lauchgrün in etwa 10 cm lange Stücke, in der Form von Bananenblättern schneiden und beiseitelegen.
- Das Hähnchen in einer großen Pfanne im restlichen Olivenöl bei mittlerer Hitze etwa 3 Minuten rundum anbraten. Dann die Hitze reduzieren, Lauch und getrockneten Chili dazugeben und alles 6 bis 7 Minuten dünsten. Die Nudeln hinzufügen und alles mit der Sojasauce, dem Sesamöl, dem Limettensaft, Salz und Pfeffer würzen. Die Sesamsamen untermischen.
- Den Ingwer schälen und fein hacken. Die Mango schälen und das Fruchtfleisch um den Stein herum in dünnen Scheiben abschneiden. Dabei die Scheiben in nicht zu schmale und nicht zu kurze Streifen schneiden. Die Mango mit dem Ingwer unter die Nudel-Hähnchen-Gemüse-Mischung heben. Die Chiliflocken über die Pasta streuen.
- Schnittlauch waschen, trocken schütteln, in etwa 5 cm lange Stücke schneiden und über das Gericht streuen. Mit den „Bananenblättern" dekoriert servieren.

Drama, Baby!

Wenn alles so clean und sauber und ordentlich ist – ja, nett. Stylish. Modern. Aber manchmal macht es einfach Spaß, ein bisschen mehr Drama ins Leben zu bringen. Die Tischdecke kann zum Beispiel mal Pause machen. Und dafür kommen zwei verschiedene Spitzenvorhänge auf den Tisch, die bis auf den Boden reichen. Extrem ansehnlich macht sich auch Leinenstoff vom Meter in einer „müden" Farbe wie Taupe oder leichtes Grau, der ruhig zerknittert sein darf, bevor er sich auf den Tisch legt. Viele verschiedene Kerzenständer, denen man ansieht, dass sie häufig benutzt werden – also dass Wachs an ihnen entlanggetropft ist. Die Kerzen müssen ja auch nicht alle weiß sein?! Sammeln Sie Blütenblätter von verschiedenen, fast verblühten Blumen – Rosen, Gladiolen, Margeriten, Mohn – und verstreuen Sie sie nach Lust und Laune und möglichst reichlich auf dem Tisch.

Vegetarisch

Karamellisierter Chicorée mit Sellerie

Die Anleitung zum Sündenfall – denn himmlisch Süßes trifft auf teuflisch Delikates

ZUTATEN FÜR 4 PORTIONEN

4	Stauden Chicorée
4 EL	Olivenöl
100 g	Butter
1 EL	brauner Zucker
1	Bio-Orange
Salz,	Pfeffer aus der Mühle
2 TL	getrockneter Thymian
1	rote Zwiebel
100 g	Staudensellerie
200 g	Möhren
1	Bund Frühlingszwiebeln
12	Cocktailtomaten
2 EL	getrockneter Dill
4 TL	Fenchelsamen
2 TL	getrocknete Chiliflocken
	etwas Anislikör
½	Bund Dill
je 1 TL	Sumach und Puderzucker

ZUBEREITUNG

- Den Chicorée waschen, die äußeren Blätter entfernen und die Stauden längs halbieren. Den Strunk keilförmig herausschneiden, die Chicoréehälften sollten dabei nicht auseinanderfallen. In einer Pfanne 2 EL Öl und 40 g Butter erhitzen und den Chicorée mit der aufgeschnitten Seite nach unten darin bei starker Hitze scharf anbraten. Den Zucker dazugeben und karamellisieren.
- Die Orange auspressen und den Chicorée mit dem Orangensaft ablöschen. Alles weitere 2 bis 3 Minuten schmoren lassen, salzen, pfeffern und mit dem Thymian bestreuen. Die Zwiebel schälen und in grobe Würfel schneiden. Sellerie putzen, waschen und in etwa 1 cm breite Stücke schneiden. Möhren putzen, schälen und in etwa 1 x 1 cm große Würfel schneiden. Frühlingszwiebeln putzen, waschen und in 2 bis 3 cm lange Stücke schneiden. Tomaten waschen und je nach Größe halbieren. Zwiebel, Sellerie, Möhren und Tomaten in einer Pfanne in 2 EL Öl bei mittlerer Hitze andünsten. Dill, Fenchel, Chili und restliche Butter hinzufügen und alles etwa 6 Minuten köcheln lassen. Mit dem Anislikör ablöschen und das Gemüse salzen und pfeffern.
- Den Dill waschen, trocken schütteln und die Spitzen abzupfen. Den Puderzucker mit etwas Pfeffer vermischen. Den karamellisierten Chicorée mit dem Gemüse-Mix anrichten und mit Dill sowie Sumach bestreuen. Ganz kurz vor dem Servieren die Puderzucker-Pfeffer-Mischung darüberstreuen.

Tomaten-Pfifferling-Gratin mit Lauch und Knusperkruste

Wäre dieses Gericht ein Song, wäre es „We will rock you"

ZUTATEN FÜR 4 PORTIONEN

4	Stangen Lauch
	Salz
5 EL	Olivenöl
3	Knoblauchzehen
2	Frühlingszwiebeln
2 EL	weiche Butter
500 g	stückige Tomaten (aus der Dose)
1 TL	Zucker
2 TL	getrockneter Thymian
½ TL	getrockneter Rosmarin
2 TL	getrocknete Petersilie
1	Lorbeerblatt
	Pfeffer aus der Mühle
	etwas Zitronensaft
½ TL	getrocknete Chiliflocken
1	Zwiebel
240 g	frische Pfifferlinge
½ TL	gemahlene Muskatnuss
½	Bund Petersilie
50 g	geriebener Parmesan
3 EL	Weißbrotbrösel
2 TL	Kräuter der Provence
4	Zweige Thymian
2	Zweige Rosmarin

ZUBEREITUNG

- Den Backofen auf 200 °C (Umluft mit Oberhitze) vorheizen. Den Lauch waschen, putzen und in einem großen Topf in kochendem Salzwasser 8 bis 10 Minuten garen. Den Lauch herausnehmen, gut abtropfen lassen und längs halbieren. Die Stangen dabei aber nicht auseinandernehmen!
- Eine ofenfeste Form mit 1 EL Olivenöl einfetten und die Lauchstangen hineinlegen. Den Knoblauch schälen und in grobe Stücke schneiden. Die Frühlingszwiebeln putzen, waschen und in feine Ringe schneiden.
- In einer Pfanne 2 EL Olivenöl und 1 EL Butter erhitzen und den Knoblauch darin hellbraun anbraten. Die Frühlingszwiebeln dazugeben und alles 2 Minuten leicht anbraten. Die Dosentomaten (samt Saft), den Zucker sowie den Thymian, Rosmarin, die Petersilie und das Lorbeerblatt hinzufügen. Mit Salz, Pfeffer, Zitronensaft sowie Chili abschmecken und alles 4 bis 5 Minuten dünsten.
- Die Zwiebel schälen und in grobe Stücke schneiden. Die Pfifferlinge putzen, trocken abreiben und in einer zweiten Pfanne im restlichen Olivenöl anbraten. Die Pilze mit Salz würzen, die Zwiebel hinzufügen und kurz mitbraten. Mit Muskatnuss und Pfeffer würzen.
- Die Petersilie waschen, trocken schütteln, die Blätter abzupfen und grob hacken. Die Petersilie zu den Pilzen geben und 2 bis 3 Minuten mitdünsten. Die Pfifferlinge über die Lauchstangen geben und alles mit der Tomatenmischung bedecken.
- Den Parmesan in einer Schüssel mit der restlichen weichen Butter verrühren, anschließend die Weißbrotbrösel und die Kräuter der Provence untermischen. Die Parmesan-Brösel-Mischung auf dem Auflauf verteilen und im Ofen auf der mittleren Schiene etwa 30 Minuten überbacken.
- Den Thymian und den Rosmarin waschen, trocken schütteln und in hübsche kleine Zweige teilen. Den fertigen Auflauf nach Belieben damit dekorieren.

Macht echt satt, deshalb reicht ein Baguette dazu völlig aus.

Für alle, die lieber was anderes wollen …

… als Lauch, die können stattdessen auch Zucchini verwenden. Und statt der Pfifferlinge passen ebenso gut Egerlinge oder Steinpilze dazu. Wollte ich ja nur mal gesagt haben! Und Tomatensauce lässt sich übrigens wunderbar mit einem kleinen Schuss Rotweinessig oder Balsamico verfeinern.

Gemüse-Mix mit Safran und Kurkuma

Frisch aus dem Wok und einfach fant-asiatisch!

ZUTATEN FÜR 4 PORTIONEN

1	kleiner Blumenkohl
6	Möhren
4	Baby-Zucchini (oder 1 normale)
5	Frühlingszwiebeln
1	Peperoni
1 Stück	Ingwer (ca. 2 cm)
	Salz
4 EL	Butter
1	Döschen Safranfäden (0,1 g)
1 TL	gemahlene Kurkuma
1 TL	gemahlener Kreuzkümmel
1	Bio-Zitrone
1	Limette
200 ml	Kokosmilch (ungesüßt)
	Pfeffer aus der Mühle
½	Bund Koriander
2 EL	Cashewkerne (ungesalzen)
2	Stängel Zitronengras

ZUBEREITUNG

- Blumenkohl putzen, waschen und in mundgerechte Röschen zerteilen. Möhren und Zucchini putzen, schälen bzw. waschen, längs halbieren und in etwa 3 cm lange Stücke schneiden. Frühlingszwiebeln putzen, waschen und in etwa 6 cm lange Stücke schneiden. Peperoni längs halbieren, entkernen, waschen und in feine Streifen schneiden. Den Ingwer schälen und fein hacken.
- Im Wok fingerbreit hoch Salzwasser zum Kochen bringen. Den Blumenkohl hinzufügen und zugedeckt 4 Minuten garen. Möhren dazugeben und alles weitere 3 Minuten garen. Gemüse herausnehmen und abtropfen lassen. Den Wok mit Küchenpapier trocken tupfen.
- Die Butter in den Wok geben und Peperoni, Safran, gemahlene Gewürze und Ingwer darin bei mittlerer Hitze etwa 3 Minuten anbraten. Das vorbereitete Gemüse hinzufügen und 3 Minuten anbraten.
- Zitrone heiß waschen, trocken reiben und die Schale mit dem Zestenreißer in feinen Streifen abziehen. Limette auspressen. Zitronenzesten und Limettensaft sowie Kokosmilch unter das Gemüse rühren und alles salzen und pfeffern.
- Koriander waschen, trocken schütteln, Blätter abzupfen, grob hacken und unter den Gemüse-Mix mischen. Cashewkerne grob hacken und alles damit bestreuen. Zitronengras waschen, äußere harte Blätter entfernen, halbieren und den Gemüse-Mix damit dekoriert servieren. Nach Belieben mit Reis servieren.

Lassen Sie uns mal über Pfeffer reden

Mit Pfeffer ist es wie mit Ingwer. NIE, NIE, wirklich NIE fertig gemahlenen Pfeffer in Pulverform verwenden. Nur mit frisch und leicht grob gemahlenem Pfeffer würzen. Schmeckt besser und sieht besser aus. Diese übergroßen, unhandlichen Pfeffermühlen, die man in Restaurants gerne benutzt, müssen aber wirklich nicht sein. Unhandlich. Unschön. Unstylish. Ich habe mal eine etwa 20 Zentimeter hohe Pfeffermühle aus mattem, gebürstetem Stahl geschenkt bekommen. Ein Pressegeschenk. Das ich zuerst ins Regal „Dinge, die ich verschenken will" verbannen wollte. Weil: Sie funktioniert elektrisch und wenn man sie benutzt, beleuchtet eine kleine Lampe gleichzeitig das Essen auf dem Teller. Ziemlich blöd, oder? Aber nachdem ich festgestellt habe, dass dieses Teil sofort für Lacher und Gesprächsstoff sorgt, darf sie sich weiter auf dem Tisch präsentieren und anfassen lassen.

Lasagne mit Sellerie, Pilzen und Bergkäse

Try it. Love it. Mehr ist dazu nicht zu sagen!

ZUTATEN FÜR 4 PORTIONEN

2	Sellerieknollen
	Salz
2 EL	Milch
2 EL	Fenchelsamen
2 EL	Sahne
2 EL	Mascarpone
2 EL	Crème fraîche
	Pfeffer aus der Mühle
½ TL	gemahlene Macisblüte
½	Bund Dill
200 g	Pilze (z.B. Steinpilze, Trompetenpilze)
6 EL	Butter
150 g	Staudensellerie
2 EL	Gemüsebrühe
	etwas Zitronensaft
350 ml	Béchamelsauce (Fertigprodukt)
1 EL	Honigsenf (oder Dijon-Senf)
4	Scheiben Bergkäse
1 EL	Bockshornkleesamen

ZUBEREITUNG

- Die Sellerieknollen (die Knolle sollte schön zart, nicht zu hart sein) schälen und in 5 bis 6 mm dünne Scheiben schneiden. Wer nicht so sicher mit dem Messer ist: Brotschneidemaschine benutzen!
- Aus den einzelnen Scheiben gleichgroße Kreise ausstechen, zum Beispiel mit einer großen Plätzchenform. Keine Plätzchenform zur Hand? Ein Glas umgekehrt auf die Selleriescheibe stellen, Rand nachziehen, z.B. mit einem kleinen, scharfen Messer, und den Kreis ordentlich mit dem Messer ausschneiden. Selleriescheiben in kochendem Salzwasser 4 bis 5 Minuten weich garen.
- Die Selleriereste in kleine Würfel schneiden. In einem Topf etwa 1 l Wasser mit der Milch zum Kochen bringen und etwa 10 EL Selleriewürfel darin mit etwas Salz und dem Fenchel weich kochen. Den Sellerie in ein Sieb abgießen und mit der Sahne, dem Mascarpone und der Crème fraîche verrühren, mit Salz, Pfeffer und Macis abschmecken. Das Gemüse kurz mit dem Stabmixer pürieren (aber wirklich nur kurz! Es sollte nicht zu cremig sein!).
- Den Dill waschen, trocken schütteln und die Spitzen abzupfen, unter das Selleriepüree rühren. Die Pilze putzen, trocken abreiben und grob zerschneiden. In einer Pfanne 4 EL Butter erhitzen und die Pilze darin bei mittlerer Hitze 4 bis 6 Minuten anrösten. Mit Salz und Pfeffer würzen.
- Backofen auf 180 °C (Umluft mit Oberhitze) vorheizen. Den Staudensellerie putzen, waschen und in 1 cm breite Stücke schneiden. Die Selleriestücke in kochendem Salzwasser 4 bis 5 Minuten weich garen. In ein Sieb abgießen und abtropfen lassen. Sellerieblätter waschen, grob hacken und beiseitelegen.
- Die restlichen 2 EL Butter in einer Pfanne bei mittlerer Temperatur erhitzen und den Staudensellerie dazugeben. Die Brühe angießen und den Sellerie kurz darin schwenken, mit dem Zitronensaft würzen. Die Béchamelsauce in einem Topf nur kurz erhitzen und mit dem Senf verrühren.
- Die Selleriescheiben jeweils abwechselnd mit etwas Selleriepüree, Staudensellerie und Pilzen in eine ofenfeste Form schichten. Die Béchamelsauce vorsichtig über die Lasagnekreise gießen, auf jede Mini-Lasagne eine Scheibe Bergkäse legen und mit den Bockshornkleesamen bestreuen. Im Ofen auf der mittleren Schiene 8 bis 9 Minuten backen, bis der Käse goldbraun ist. Mit den Sellerieblättern garniert servieren.

Toller Tofu mit Gemüse aus dem Wok

Tofu schmeckt langweilig? Na, da werden Sie sich aber wundern

ZUTATEN FÜR 4 PORTIONEN

800 g	schnittfester Tofu
3 EL	Speisestärke
1 EL	Mehl
2 EL	Cajun Spice-Gewürz (Fertigprodukt)
	Salz
	Pfeffer aus der Mühle
8–9 EL	Öl
10	Schalotten
3	Knoblauchzehen
1 Stück	Ingwer (ca. 5 cm)
150 g	Butter
4 EL	Ketjap Manis (süße Sojasauce)
4 EL	helle Sojasauce
4 EL	dunkle Sojasauce
2 EL	Zucker
2 TL	getrocknete Chiliflocken
	etwas Zitronensaft
3	Möhren
100 g	Zuckerschoten
2	Bund Frühlingszwiebeln
1	Bund Koriander
2 EL	helle Sesamsamen

ZUBEREITUNG

- Den Tofu mit Küchenpapier etwas ausdrücken und in mundgerechte Würfel schneiden. Die Speisestärke, das Mehl und das Cajun-Spice-Pulver gut mischen und mit etwas Salz und Pfeffer würzen. Den Tofu mehrmals in der Gewürzmischung wenden (geht am besten mit einem Löffel) und leicht mit den Fingern abklopfen.
- Das Öl in den Wok geben (er sollte etwa fingerhoch gefüllt sein) und stark erhitzen. Die Tofuwürfel darin portionsweise rundum goldbraun rösten. Den Tofu aus dem Wok nehmen und auf Küchenpapier abtropfen lassen.
- Den Wok mit heißem Wasser ausspülen, sodass alles entfernt wird, was sich auf dem Boden festgesetzt hat. Die Schalotten schälen und in nicht zu feine Würfel schneiden. Den Knoblauch schälen und in grobe Würfel schneiden. Den Ingwer schälen und in feine Würfel schneiden.
- Die Butter in dem Wok erhitzen und Schalotten, Knoblauch und Ingwer darin 10 bis 13 Minuten braten. Ketjap Manis, helle und dunkle Sojasauce dazu gießen und den Zucker sowie Chili und den Zitronensaft unterrühren. Mit Salz und Pfeffer würzen.
- Die Möhren putzen, schälen und mit dem Sparschäler längs in dünne Scheiben hobeln. Je nach Länge einmal halbieren. Die Zuckerschoten putzen und waschen. Die Frühlingszwiebeln putzen, waschen und in 6 bis 8 cm lange Stücke schneiden. Den Koriander waschen, trocken schütteln, die Blätter abzupfen und grob zerkleinern.
- Möhren, Zuckerschoten und Frühlingszwiebeln in den Wok geben und bei mittlerer Hitze 4 bis 6 Minuten köcheln lassen. Den Tofu und den Koriander unterheben und alles mit dem Sesamsamen bestreuen. Perfekt!

Jasmin oder Basmati, klebrig oder nicht?

Der beste Begleiter zu Gerichten wie links ist Reis. Und das führt zu der Frage, warum Sie in diesem Buch kein Rezept für ein Risotto finden. Habe ich es vergessen? Nein. Ich bin kein Risotto-Fan. Es sieht immer so mampfig-pampfig aus. Und schmeckt meistens auch so. Mir fehlen die überraschenden Geschmackserlebnisse, das knackige Gemüse. Wenn ich irgendwann ein Rezept entdecke, das mich überzeugt, werde ich es Ihnen gleich weitergeben. Bis dahin können Sie mir auch Ihr Lieblings-Risotto-Rezept schicken, von dem Sie glauben, dass es meine Aversion sofort entkräften wird.

Gemüse-Quattro mit Roquefort und Honig

Schmeckbar anders – sanft, scharf und süß

ZUTATEN FÜR 4 PORTIONEN

½	Blumenkohl
	Salz
5	Frühlingszwiebeln
2	Zucchini
250 g	Hokkaido- oder Muskatkürbis
2 EL	Olivenöl
1 TL	Butter
1 TL	getrockneter Thymian
2 EL	helle Sesamsamen
½	Bund Koriander
½	Bund Dill
	Pfeffer aus der Mühle
330 g	Roquefort
2 EL	Thymianhonig

ZUBEREITUNG

- Den Blumenkohl putzen, waschen, in Röschen teilen und in einem Topf in kochendem Salzwasser etwa 8 Minuten bissfest garen. In ein Sieb abgießen und abtropfen lassen.
- Die Frühlingszwiebeln putzen, waschen und in feine Ringe schneiden. Die Zucchini putzen, waschen, längs halbieren und in etwa 1 cm dicke Scheiben schneiden. Den Kürbis putzen, entkernen, schälen und in Würfel schneiden. Das Olivenöl in einer Pfanne erhitzen und die Frühlingszwiebeln, die Zucchini und den Kürbis darin etwa 5 Minuten leicht anbraten. Die Butter und den Thymian unterrühren.
- Den Blumenkohl unter die Gemüsemischung heben und alles weitere 5 Minuten garen. Die Sesamsamen in einer beschichteten Pfanne ohne Fett anrösten. Den Koriander waschen, trocken schütteln, die Blätter abzupfen und grob hacken, dabei 2 Stiele beiseitelegen.
- Den Dill waschen, trocken schütteln und die Spitzen abzupfen. 2 Stiele beiseitelegen. Die Sesamsamen, den Koriander und den Dill unter das Gemüse mischen und alles mit Salz und Pfeffer würzen.

Den Roquefort mit einer Gabel grob zerbröseln, den Gemüse-Mix mit dem Käse und dem Honig hübsch anrichten und nach Belieben mit den Koriander- und Dillstielen dekorieren.

Dazu frisch aufgebackenes Fladenbrot oder Baguette servieren. Mehr braucht es einfach nicht!

Ein bisschen Farbe kann nicht schaden

Ein bisschen mehr Schärfe auch nicht. Deshalb streue ich zum Schluss noch 1 EL rosa Pfefferbeeren – grob gehackt – über das Gericht. Sieht wunderschön aus und sorgt für das gewisse Etwas. Das ist natürlich auch bei anderen Rezepten ein gewisses schönes Etwas.

All my sweethearts

Desserts

Habe ich Ihnen schon meine Freundin Steffi vorgestellt? Was ich an ihr bewundere: Sie redet nicht nur engagiert daher, sie ist das, was man heute so gern „authentisch“ nennt. Steffi arbeitet zehn Stunden am Tag. Aber jeden Samstag findet man sie in einer Schule in einem Vorort von München, in der sie Deutschunterricht für Frauen aus der Türkei, Afghanistan, Russland, dem Kosovo oder aus Afrika gibt. Kostenlos. Klar.

Ansonsten beschäftigt sie sich mit Astrologie. Als sie von meinem Kochbuch-Projekt hörte, kriegte sie sich gar nicht mehr ein. „Conny, du MUSST da die Astrologie berücksichtigen. Du glaubst doch nicht, dass du einen Wassermann neben einen Skorpion setzen kannst? Wassermänner sind sooo sensibel und Skorpione können so verletzend sein!“ – „Aha …“

Steffis Vortrag dauerte eine Stunde, dann habe ich ihr versprochen, dass ich die astrologischen Eckdaten berücksichtigen werde. Für das Kapitel Desserts. Da sie mir aber offenbar nicht traut – ich bin ja eine realistische Jungfrau – hat sie darauf bestanden, unsere astrologische Sitzung aufzuzeichnen. Hier also unsere Stern(en)stunde:

Wassermänner sind sooo empfindlich.

WASSERMANN (21.1.–19.2.)

Steffi: „Wassermänner reagieren extrem empfindlich auf Weizen, Dinkel, Grünkern oder auch Roggen. Da drohen vielfach äußerst unangenehme Allergien.“

Ich: „Welche?“

Steffi: „Von Hautausschlag bis hin zu Übelkeit oder Fieber. Vorsicht auch bei der Auswahl der Rezepte – **bloß keine schwere Hausmannskost mit Mehlschwitze** oder so.“

Ich: „Hast du je schon mal bei mir eine Sauce mit Mehlschwitze gegessen?“ (Da war ich echt sauer! Mehlschwitze. Ich und eine Mehlschwitze! Pffhhhh …)

Steffi: „Nein. Leichte Küche mit Fisch ist perfekt. Oder irgendwas Indisches mit Couscous. Ach ja: Vor allem bei allen Wassermännern, die nach dem 1. Februar geboren sind, musst du bei den Desserts höllisch aufpassen.“

Ich: „Lass mich raten – es dürfen keine Sahne und kein Zucker drin sein."
Steffi: „So ähnlich, denn **bei Wassermännern pendelt der Blutzuckerspiegel**. Wenn er unten ist, futtern sie alles, was süß ist. Sie nehmen zu, ärgern sich darüber und essen noch mehr Süßes."
Ich: „Was hältst du von Stachelbeeren in Zitronensauce???"
Steffi: „Das kommentiere ich jetzt nicht! Ein Obstsalat mit Melone, Äpfeln oder Birnen, mit Beeren oder Pflaumen ist genau das Richtige. Es sei denn, du willst, dass sein Blutzuckerspiegel in den Himmel steigt und er dann zum Arzt muss."

Wenn bei Fische-Geborenen Mars im sechsten Haus steht ...!

(Nein, natürlich nicht. Die gute Nachricht war, dass Wassermänner selbst langweiligste Geschichten spannend erzählen und eine ganze Gesellschaft unterhalten können.)

FISCHE (20.2.–20.3.)

Steffi: „Fische sind noch empfindlicher als Wassermänner. Die Liste der No-no-Lebensmittel reicht von Hülsenfrüchten bis zu Lauch, Knoblauch, Zimt, Ingwer, Pfeffer und Lamm. **Das gilt besonders für die, die einen Schützen als Aszendent haben.** Ist dein Mann nicht Fische?"
Ich: „Ja. Aber er mag und verträgt Lauch, Knoblauch und ebenso all die Gewürze, die du eben aufgezählt hast!"
Steffi: „Vielleicht sagt er dir nicht die Wahrheit, weil er dich nicht kränken will?"
(Ich wollte meinen Mann immer mal fragen, hab's aber bis heute immer wieder vergessen.)
Steffi: „Dann muss bei ihm bei der Geburt Mars im sechsten Haus gestanden haben!"
Ich verdrehte genervt die Augen.
Steffi: „Perfekt sind Suppen, Spinat, Salate, Fisch, Schalentiere. Bei den Desserts liegst du goldrichtig mit Schokoladensüßspeisen und dazu Bananen oder Honig oder Äpfel."

(Bei Schokolade reagiert mein Mann wie ich bei Taschen und Schuhen – HABEN WOLLEN. Irgendwie scheint mir diese Astrologiegeschichte doch nicht so ohne zu sein?! Meine Freundin Yvonne dagegen will alles – Taschen, Schuhe UND Schokolade! Na ja, die Fische ...)

WIDDER (21.3.–20.4.)

Steffi: „Genuss ist für Widder eigentlich ein Fremdwort."
Ich: „... dann mache ich für die einfach eine Currywurst aus dem Tiefkühlregal?"
Steffi: „Quatsch. **Für Widder sind eben andere Dinge wichtig.** Weltfrieden. Gerechtigkeit."
(Diese Beschreibung trifft zu hundert Prozent auf mein Patenkind Felicitas zu. Sie ist in der Schule die Erste, die Streit schlichtet oder ihr Schoko-Eis einem anderen Kind schenkt).
Steffi: „Und sie achten auf ihr Gewicht. Haben sie mal zwei Pfunde zu viel, gehen sie auf Diät."
Ich: „Bewundernswert ..."
Steffi: „Am besten servierst du ihnen Grünteeeis oder was mit Joghurt. Dazu frische Früchte."
Ich nickte. Ich hatte verstanden. War ja auch nicht so schwer.
Steffi: „Und da Widder leider viel zu viel Eiweiß essen, solltest du Saucen, Gemüse und Kartoffeln mit Zitronensaft abschmecken. Entsäuert den Körper! **Super wäre auch Brennnesseltee!**"
Ich: „Da werden sie begeistert sein, wenn die anderen Wein trinken und sie Tee."

STIER (21.4.–20.5.)

Steffi: „Vanilleeis mit Erdbeeren kannst du gleich in den Müll kippen, wenn du einen Stier zu Gast hast."
Ich: „Das wäre aber schade ... **Ich dachte immer, jeder mag Erdbeeren?**"
Steffi: „Ja. Aber er will, dass alles originell ist. Da musst du dir Besonderes einfallen lassen."
Ich: „Okay ... Vielleicht mit Nutella?"
Steffi: „Nein, zu viele Kalorien! Und nichts mit zu viel Sahne! **Stiergeborene sind Naschkatzen**, verputzen Unmengen an Süßigkeiten. Und wundern sich, dass das Kleid nicht mehr passt."
Ich: „Bestimmt haben Stiergeborene aber auch noch andere Schwachstellen?"
Steffi: „Ja. Hals und Mandeln. Pass also auf, dass sie nicht neben einem offenen Fenster sitzen."
Ich: „Schon gut, schon gut. Ich werde alle Fenster zukleben und die Türen abdichten."

Steffi: „Dafür ist der Stier mit Lob wirklich nicht kleinlich. Im Gegenteil. Sie überschütten einen geradezu damit. Und das entschädigt einen doch für alle Mühe und Rücksichtnahme?"

ZWILLINGE (21.5.–21.6.)

Steffi: „Was Zwillinge auszeichnet: **Sie reden lieber statt zu essen.**"
Ich: „Dann lade ich nur noch Zwillinge ein! Lustige Gespräche und sie essen nur ganz wenig."
Steffi: „Also: Zwillinge bevorzugen feinste Köstlichkeiten. Sie besitzen ein ausgeprägtes Feingefühl für die schönen Dinge des Lebens. Da kannst du kein Tiramisu auftischen."
Ich: „Wie wäre es mit Eis mit Chili- und Mangospaghetti?"
Steffi: „Ja, genau! Könnte aber auch so was wie ein Sorbet mit Biogummibärchen sein. Wenn der Gast nach dem 15. Juni geboren ist, dann ist es wichtig, dass du nichts Rotes servierst!"
Ich: „Bitte ???"
Steffi: „**Diese Zwillinge haben eine unbewusste Aversion gegen Rot.** Das liegt am Einfluss des Mondes. Rot macht sie streitsüchtig und depressiv und sie bekommen sofort Kopfschmerzen."
Wieder was gelernt …

KREBS (22.6.–22.7.)

Steffi: „Ich sage dir, ein Krebs und Desserts – das ist wie Sonntag und ‚Tatort' – das gehört einfach zusammen. Und sie sind heiß verliebt in Eiernachspeisen. Panna cotta. Creme brûlée. Tiramisu. Crêpes. Waffeln. All das Zeug."
(Also, das mit den Süßspeisen ist richtig. Meine Freundin Susi bekommt jedesmal gierige Kulleraugen, wenn sie auch nur 200 Meter an einer Eisdiele oder einem Crêpes-Stand vorbeigeht.)
Ich: „Nehmen die denn nicht zu davon? Oder ist ihnen das egal?
Steffi: „Erst genießen – und wenn die Waage zu viel anzeigt, machen sie eine Diät. **Natürlich eine, bei der es Kaviar und Hummer gibt.**"
Ich: „Na auf jeden Fall endlich mal keine Antipathien, auf die man Rücksicht nehmen muss, weil Pluto im falschen Haus gestanden hat."
Steffi: „Ich bin noch nicht am Ende. Denn Krebse, die zwischen dem 29. Juni und dem 15. Juli geboren wurden, reagieren extrem empfindlich auf Kuhmilcheiweiß und Zucker."

Ich: „Dann mach ich einen Obstsalat für sie!“
Steffi: „Fruchtzucker vertragen sie meist leider auch nicht … Da sie aber verrückt nach Süßspeisen sind, schützen sich die meisten mit entsprechenden Medikamenten. Wenn du einem Krebs den Kopf verdrehen willst, **servierst du ihm vorher als Hauptgericht Hühnerfrikassee.**“
Ich: „Steffi!!! Ich hasse Hühnerfrikassee!“
Steffi: „War ja nur ’n Tipp …“

LÖWE (23.7.–23.8.)

Steffi: „Sie glänzen mit Humor, sind scharfsinnig und interessieren sich für fast alles – von der Raumfahrt bis zur Schneckenzucht. Und sie schätzen fantasievoll dekorierte Speisen. Genau ihren Geschmack triffst du mit Fisch oder Geflügel oder auch Wild.“
Ich: „Keine Wenns und Abers.?“
Steffi: „Lass Kartoffeln weg! Stecken voller Kohlenhydrate! Löwen achten streng auf ihre Figur und **lehnen außerdem simple Lebensmittel wie Kartoffeln oder Pasta ab**.“
Ich: „Und nach dem Hauptgang?“
Steffi: „Mach ihnen was mit Obst. Einen Salat oder eine Mousse oder ein Sorbet. Gern auch mit raffiniertem Beiwerk, wie Löwenzahn – ist ja logisch, bei Löwegeborenen …“
Ich: „Ooooh Maaann … Steffi!!!“
Steffi: „Obst ist gut, aber keine exotischen Sorten wie Granatapfel!“
Ich: „Kriegen sie davon Pickel?“
Steffi: „Nein! Sodbrennen. Wegen der Magensäure.“
Was ich mir alles merken muss …

JUNGFRAU (24.8.–23.9.)

(Da war ich wirklich gespannt. Ich bin ja Jungfrau. Erste Dekade.)
Steffi: „Sie haben eine Vorliebe für Suppen und allgemein eher einfache Gerichte, die aber perfekt gekocht sind und **auf besonders feine und liebevolle Weise angerichtet werden**.“
Ich: „Steffi!!! Das weiß jeder, der schon mal bei mir eingeladen war.“
Steffi: „Jetzt hör’ mir gefälligst zu. Also, besonders anfällig sind Jungfrauen, die nach dem

25. August geboren wurden, für alles, was die Verdauung beeinträchtigen könnte. **Ich sage nur: Hände weg von Kohlsorten**, von Schweinefleisch und am besten auch von Nüssen und Äpfeln."
Ich: „Äpfel mag ich eh nicht. Und was ist mit Desserts?"
Steffi: „Seien wir ehrlich, du hast eigentlich kein Interesse an Süßspeisen. Das liegt aber nicht an der Planetenkonstellation, sondern an irgendeiner unbewussten Kindheitsneurose. Klar, du bereitest Desserts gern zu, weil man sie so hübsch anrichten kann. Außerdem bist du als Jungfrau prädestiniert dafür, winzigste Sahnetupfer hundert Prozent mittig auf winzigste Blaubeerhälften zu setzen."
(Wusste sie das alles, weil sie mich kennt? Oder ist an der Astrologie wirklich was dran? Meine Lektorin Eva ist ja auch Jungfrau. Sie LIEBT Süßes. Schokolade, Mango-Eis, Kekse. Sollte ich doch mal über eine Kindheitsneurose nachdenken? Oh Mann, und ich dachte, ich sei normal.)

WAAGE (24.9.–23.10.)

Steffi: „Waagegeborene können auf andere Menschen manchmal etwas merkwürdig wirken …"
Ich: „Warum?"
Steffi: „Nun ja, Conny, sie sind Ästheten. Und das führt ab und zu so weit, **dass sie ihre Speisen auf dem Teller nach Farbgruppen anrichten**. Erbsen zur Petersilie, Möhren nach rechts, Sauce und Fleisch nach links und Zitronenzesten an den Rand."
Ich: „Oh …" (Meine Schwiegermutter Ruth ist Waage. Aber sie käme NIE im Leben auf die Idee, ihr Essen auf dem Teller nach Farben zu ordnen!)
Steffi: „Das ist die Auswirkung von speziellen Planetenkonstellationen. Am liebsten essen Waagen Pasta. Aber auch Fisch. Hausmannskost wie Schweinebraten – nein danke."
Ich nickte brav.
Steffi: „**Die Desserts sollen fruchtig, aber auch leicht sein.** Beeren mit weißer Mousse. Granatapfel mit Vanille-Sorbet oder Orangen-Tiramisu."
Ich: „Kann ich mir merken, Steffi. Keine gesundheitlichen Beschwerden?"
Steffi: „Die Nieren! Stelle ihnen unbedingt genügend Wasser hin. Ohne Kohlensäure."
Ich: „Sag mal, Steffi, bist du nicht Waage?"
Steffi nickte mit dem Kopf.

Bei Deftigem werden Skorpione schwach.

Ich: „Dann darfst du dich bei der nächsten Einladung auf eine große Flasche Wasser ohne Sprudel freuen! Keinen Wein mehr. Deine Gesundheit liegt mir am Herzen!"

SKORPION (24.10.–22.11.)

Steffi: „Skorpione mögen Deftiges. Zu ihren Lieblingsspeisen zählen Gulasch mit Barolo, Hähnchen auf italienische Art, aber auch Fisch, Gemüse wie Rosenkohl und Salate."
Ich: „Also eher nichts Exotisches?"
Steffi: „Doch. Mögen sie auch gern. **Bei den Nachspeisen bevorzugen sie Apfelstrudel, Kaiserschmarren oder Eis mit Sauerkirschen.** Wenn sie aber auch Skorpion als Aszendent haben, verursachen Weizen, Hefe und weißer Zucker bei ihnen Übelkeit. Und wenn sie zwischen dem 29. Oktober und dem 19. November geboren sind, leiden sie häufig unter Rückenschmerzen oder auch Depressionen."
Ich: „Ich koche Rückenschmerzen weg, also, das ist wirklich zu viel verlangt, Steffi!" (Aber vielleicht eine Idee, über die ich nachdenken sollte? **Das Anti-Rückenschmerz-Kochbuch?!**)
Steffi: „Gegen Depressionen kannst du was tun, mit Kurkuma würzen und Lachs servieren, kalt gepresste Olivenöle, Spinat, Nüsse und Datteln verwenden und zum Nachtisch Obst."
Ich: „Und statt Wein dann Johanniskrauttee?"
Steffi: „Blödsinn, Conny! Skorpione lieben fruchtige, aber nicht zu süße Rotweine!"

SCHÜTZE (23.11.–21.12.)

Ich: „Haben wir jetzt endlich alle durch? Ich seh' schon Sterne ..."
Steffi: „Halt' durch, es fehlen nur noch Schütze und Steinbock. **Schützen sind total sensible Wesen!** Essen meist zu schnell und zu viel und zu unregelmäßig. Und wundern sich dann, wenn sie unter Magen-Darm-Problemen leiden."
Ich: „Zähl' ich für Schützen die Erbsen ab und stelle ihnen eine Sanduhr hin?"
Steffi: „Perfekt für Schützen sind raffinierte Leckerbissen – Fisch, Schalentiere, Gerichte mit

Pilzen, Linsen, Kichererbsen und das aus der japanischen oder thailändischen Küche. Schützen, die zwischen dem 30. November und 10. Dezember geboren sind, **neigen allerdings dazu, ihre Mahlzeit in Windeseile zu verschlingen**, wenn sie abgelenkt werden."
Ich: „Wodurch zum Beispiel?"
Steffi: „Gespräche, Lachen, Musik und solche Sachen."
Ich: „Also legen wir eine zehnminütige Schützen-Schweigepause ein?!"
Steffi: „Übertreib' doch nicht so! Es kann doch auch mal ruhiger zugehen bei einem Dinner. **Bei den Desserts konzentrierst du dich klugerweise auf exotische Salate und Obst.**"

STEINBOCK (22.12.–20.1.)

Steffi: „Steinböcke sind meist rank und schlank. Aber das liegt daran – und das gilt vor allem für die um den 17. bis 20. Januar geborenen Steinböcke –, dass sie sofort auf atmosphärische Störungen jeder Art reagieren. Wenn die Speisen nicht ausgewogen sind oder Unstimmigkeiten unter den Gästen auftreten."

Ein Steinbock zu sein ist echt nicht leicht …

(Da bin ich echt froh, dass unser Freund Frank, der Internist, vorher Geburtstag hat. Sonst würde ich ihn echt nur noch selten und immer allein einladen. Andererseits: Er ist ja Internist …)
Steffi: „**Etwas Gutes tust du ihnen mit Gemüse, mit Geflügel oder Fisch.**"
Ich: „Von Nachspeisen lassen sie wahrscheinlich ihre Finger, wegen der Figur?
Steffi: „Natürlich naschen sie gern. Perfekt ist enzymreiches Obst wie Erdbeeren, Ananas, Papaya und Mango. Für Steinböcke die leckerste Prävention gegen rheumatische Anfälle."
Ich: „Vielleicht in einer Marinade mit Cassis oder Orangenlikör?"
Steffi: „Nein! **An Alkohol ist Rotwein erlaubt**, aber in geringsten Mengen! Ansonsten Mineralwasser ohne Sprudel und obergäriges Bier. Aber nur eins! Nicht mehr!"
Ein Steinbock zu sein ist echt nicht leicht …

Safran-Kardamom-Creme mit Granatapfelkernen

Süß. Würzig. Zitronig. Unbeschreiblich.

ZUTATEN FÜR 6 PORTIONEN

1 kg	Magerquark
200 g	Sahne
100 g	Zucker
2 EL	Rosenwasser
1 TL	Kardamompulver
1	Döschen Safranpulver (0,1 g)
1	kleiner Granatapfel
80 g	gehackte Mandeln
2 EL	gehackte Pistazien

ZUBEREITUNG

- Den Quark auf einem Sieb gut abtropfen lassen. Die Sahne steif schlagen und dabei langsam den Zucker einrieseln lassen.
- Den abgetropften Quark in einer Schüssel mit dem Rosenwasser, dem Kardamom und dem Safran verrühren und zuletzt die Sahne unterheben. Die Creme nach Belieben in eine Schale geben oder in Schälchen verteilen und im Kühlschrank 30 bis 40 Minuten ziehen lassen.
- Inzwischen den Granatapfel halbieren und die Kerne herauslösen (wie's am besten und einfachsten geht: siehe S. 48), dabei die Kerne von eventuellen Hautresten befreien. Die Mandeln in einer beschichteten Pfanne ohne Fett hell rösten und mit den Pistazien mischen.

Die Safran-Kardamom-Creme aus dem Kühlschrank nehmen und mit den Granatapfelkernen sowie der Mandel-Pistazien-Mischung bestreut servieren.

Ich weiß, ich weiß …

… **Granatapfelkerne** mag nun mal nicht jeder. Was schade ist, denn ich finde die zitronige Süße köstlich. Aber mein Mann stupst jeden einzelnen Kern mit dem Löffel so weit wie möglich an den Tellerrand. **Ich empfehle also:** Vorher die Gäste nach Vorlieben oder Abneigungen befragen. Bei eindeutigen Un-Sympathien kann man statt Granatapfelkernen auch geschälte und in dünne Scheiben geschnittene Kiwis verwenden. Oder Mandarinenspalten. Oder karamellisierte Bananen, die ebenfalls in Scheiben geschnitten werden.

Minze-Erdbeeren mit Schokoladeneis

Oh, Mann! Sind die gut, Mann!

ZUTATEN FÜR 4 PORTIONEN

400 g	Erdbeeren
1	Bund Minze
2	Bio-Orangen
3	Bio-Limetten
1 EL	Orangenlikör (z. B. Grand Marnier)
50 g	Puderzucker
500 ml	Schokoladeneis (Fertigprodukt)

ZUBEREITUNG

- Die Erdbeeren waschen, putzen und längs halbieren. Die Minze waschen und trocken schütteln, die Blätter abzupfen und grob hacken.
- Je 1 Orange und Limette heiß waschen, trocken reiben und jeweils die Schale mit dem Zestenreißer in feinen Streifen abziehen. Alle Zitrusfrüchte halbieren und den Saft auspressen.
- Den Orangen- und Limettensaft mit dem Orangenlikör und dem Puderzucker verrühren und die Minze – bis auf 2 EL für die Deko – untermischen.
- Die Erdbeeren in einer Schüssel mit der Zitrus-Minze-Marinade mischen und kurz ziehen lassen.

Jeweils 1 Portion marinierte Erdbeeren mit 1 Kugel Schokoladeneis anrichten und mit den Zitruszesten und der Minze bestreut servieren.

Die 6 süßesten Filme. Welcher ist Ihr Favorit?

„Chocolat" mit Juliette Binoche und Johnny Depp (Lieblingsfilm meiner Stieftochter Kathi). **„Die fabelhafte Welt der Amelie"** mit Audrey Tautou. **„Charlie und die Schokoladenfabrik"** mit Johnny Depp. **„Liebe zum Dessert"** mit Lauren Holly. **„Bittersüße Schokolade"** mit Marco Leonardi und Lumi Cavazos (absoluter Favorit von Barbara, Mutter meiner Patentochter Felicitas). **„Bon Appétit"** mit Nora Tschirner.

Kiwi-Eis mit Mango und Chili

Große Oper für die Augen! (Und den Gaumen. Klar.)

ZUTATEN FÜR 4 PORTIONEN

2	reife Mangos
4	rote Chilischoten
1	Bio-Zitrone
1	Orange
1 EL	Traubenkernöl
½	Bund Minze
400 ml	Kiwi-Eis (vom Eisladen um die Ecke oder Feinkosthändler; alternativ Grüntee- oder Kokoseis)

ZUBEREITUNG

- Die Mangos halbieren und den Stein entfernen. Das Fruchtfleisch in 2 bis 3 mm dünne Scheiben schneiden und die Schale entfernen. Anschließend die Scheiben in schmale Streifen schneiden (geht am besten mit einem langen scharfen Messer).
- Alternativ die einfache, aber verschwenderische Methode: Die Mangos schälen und das Fruchtfleisch zunächst in breiten Streifen vom Stein schneiden, dann das Fruchtfleisch in dünne Scheiben und anschließend in feine Streifen schneiden.
- Die Chilischoten längs halbieren, entkernen, waschen und in 1 bis 2 mm dünne Streifen schneiden. (Wer dabei Einmal-Handschuhe trägt, schützt sich vor verfärbten Händen, an denen noch lange der scharfe Chilistoff haftet.)
- Die Zitrone heiß waschen, trocken reiben und die Schale mit dem Zestenreißer in feinen Streifen abziehen. Zitrone und Orange auspressen. Den Zitrussaft mit dem Traubenkernöl und den Zitronenzesten mischen und die Mango- und Chilistreifen damit marinieren.
- Minze waschen und trocken schütteln, die Blätter abzupfen und grob hacken.

Das Eis in Kugeln auf Desserttellern verteilen, den Mango-Chili-Salat dazu anrichten und mit der Minze bestreut servieren.

Drehen Sie's doch mal um!

Wodurch zeichnet sich ein Eyecatcher aus? Ganz einfach: Man bringt Augen und Gehirn durcheinander! Macht das, was normal ist, mal ganz anders. Wer sagt zum Beispiel, dass ein Eis immer in der Mitte des Tellers hocken muss und der Rest drumherum oder oben auf dem Eis? Eben! Das Eis freut sich doch auch, wenn es mal oben hocken darf, auf einem hübschen Bett aus zum Beispiel Mango- und Chilistreifen. **Und die Augen freuen sich auch.** Warum muss das Besteck immer seitlich vom Teller liegen? Vielleicht darf es ja auch mal in einem dekorativen Glas oben vor dem Teller stehen? Warum legt man nicht einfach mal drei verschiedene Tischdecken übereinander? Warum kann man nicht mal Blumen über den Tisch hängen (an einer dünnen Schnur oder einem bunten Band), anstatt sie in Vasen auf den Tisch zu stellen? Warum kann man nicht mal Wein aus Wassergläsern trinken? **Fragen über Fragen …**

Vanillesoufflé mit kandierten Veilchen

Eine süße Romanze mit Happy End

ZUTATEN FÜR 4 PORTIONEN

35 g	zerlassene Butter
75 g	Zucker
25 g	Mehl
1	Vanilleschote
125 ml	Milch
4	Eiweiß (davon 1 Eiweiß zur Einzelverwendung)
3	Eigelb
4 EL	kandierte Veilchen (oder Rosenblüten; aus der Süßwarenabteilung oder dem Online-Gewürz-Shop)
	Puderzucker zum Bestäuben

ZUBEREITUNG

- Den Backofen auf 200 °C (Umluft mit Oberhitze) vorheizen. Vier Souffléformen oder hitzebeständige Tassen (à etwa 8 cm Durchmesser) mit insgesamt 10 g zerlassener Butter ausstreichen und mit je 1 TL Zucker ausstreuen.
- Die restlichen 25 g zerlassene Butter mit dem Mehl verkneten. Vanilleschote längs aufschneiden und das Mark herauskratzen. Die Milch mit der Vanilleschote und dem -mark in einem Topf aufkochen, die Schote wieder entfernen.
- Die Mehlbutter in kleinen Stücken mit dem Schneebesen nach und nach in die kochende Vanillemilch rühren, bis sie diese bindet. 1 Eiweiß schnell und kräftig mit dem Schneebesen unter die Masse rühren und alles leicht abkühlen lassen. Dann nach und nach die Eigelbe mit dem Schneebesen unterrühren.
- Die kandierten Veilchen grob zerdrücken. In einer Schüssel die restlichen Eiweiße steif schlagen, dabei 35 g Zucker einrieseln lassen. Die Veilchenblüten – bis auf 1 EL für die Deko – und den Eischnee mit dem Teigschaber vorsichtig unter die Vanillecreme heben. Die Soufflémasse in die vorbereiteten Formen füllen und im Ofen auf der zweiten Schiene von unten 20 Minuten backen, die Backofentür dabei nicht öffnen.

Die Soufflés aus dem Ofen nehmen, mit Puderzucker bestäuben und mit den restlichen kandierten Veilchen dekoriert sofort servieren.

Für alle, die alles selbst machen wollen

Wenn Sie Zeit haben, können Sie die **kandierten Blüten** auch selbst machen. Und gleich ein paar mehr als Give-away für Ihre Gäste! Zum Kandieren eignen sich alle essbaren Blüten, z.B. Veilchen und Rosen. Und es geht echt einfach: Bio-Blüten abknipsen und sofort verarbeiten. Für 20 g Blüten 2 Eiweiße leicht verquirlen. Die Blüten rundum damit bepinseln, dann vorsichtig in feinem Zucker wälzen, bis die ganze Blüte einen Kristallüberzug hat. Nebeneinander auf ein mit Backpapier ausgelegtes Blech legen und im Ofen bei 50 °C (Umluft) 1 bis 2 Stunden oder bei Raumtemperatur über Nacht trocknen lassen. Zwischen Küchenpapier gelegt, sind die Blüten in fest verschlossenen Dosen maximal 3 Tage haltbar.

Capri-atischer Schokokuchen mit Mandeln

Ein Gedicht! Nicht nur, wenn die rote Sonne im Meer versinkt

ZUTATEN FÜR 1 TARTEFORM (26 CM DURCHMESSER)

	weiche Butter für die Form
200 g	Zartbitterkuvertüre (mind. 60 % Kakaoanteil)
200 g	weiche Butter
6	Eigelb
200 g	Zucker
50 g	Mehl
½ TL	Backpulver
300 g	geschälte, fein gehackte Mandeln
2 EL	Minzlikör
2	Stiele Minze
	Puderzucker zum Bestäuben

ZUBEREITUNG

- Die Tarteform (ersatzweise Springform) einfetten. Den Backofen auf 180 °C (Umluft) vorheizen. Die Kuvertüre auf der Küchenreibe grob raspeln und mit der Butter in einem Topf bei schwacher Hitze langsam schmelzen lassen. Den Topf vom Herd nehmen und die Schoko-Butter-Masse abkühlen lassen.
- Die Eigelbe mit dem Zucker in einer Schüssel mit den Quirlen des Handrührgeräts schaumig rühren. Das Mehl und das Backpulver unterrühren. Die Schoko-Butter-Masse, die Mandeln und den Minzlikör hinzufügen und vorsichtig mit den Quirlen des Handrührgeräts bei kleiner Stufe unterrühren.
- Den Teig in die Form füllen und im Ofen auf der mittleren Schiene etwa 30 Minuten backen. Am Ende der Garzeit die Garprobe machen: Wenn Sie einen Holzspieß in die Mitte des Kuchens stecken und wieder herausziehen, sollte kein Teig mehr daran kleben, aber er sollte auch nicht ganz trocken sein. Der fertige Kuchen sollte in der Mitte noch etwas feucht sein.
- Den Kuchen aus dem Ofen nehmen und auf einem Gitter auskühlen lassen. Die Minze waschen, trocken tupfen und die Blätter abzupfen.

Den Kuchen in Stücke schneiden, mit Puderzucker bestäuben und mit den Minzeblättern dekoriert servieren.

Abgekartet

Ich gebe es zu – auch wenn Sie mich jetzt für eine totale Spießerin halten: Ab zehn Gästen gibt es Tischkarten. Weil ich a) dann diejenigen nebeneinandersetzen kann, von denen ich mit ziemlicher Sicherheit weiß, dass sie sich gut verstehen werden. Weil ich b) so Cliquenwirtschaft verhindern kann. Weil es c) sonst ein Geschiebe und Gedränge am Tisch und enttäuschte Gesichter gibt. Deshalb also Tischkarten. Aber bitte keine angeblich dekorativen oder gar fantasievollen Kärtchen! Wie kleine Tortendeckchen mit dem Namen des Gastes und dann in einen Apfel gesteckt! OMG! Klassisch bitte. Klappkarten aus schönem Karton in einer edlen Farbe (Sand, Winterhimmelblau oder Steingrau). Den Namen mit Füller geschrieben. Und nicht schnörkelig, sondern in Versalien oder normaler Schreibschrift. So mache ich es. Aber jeder kann ja machen, was er will.

Beeren-Cassis-Gratin

Simply the best. Oder: How to make friends in just 2 minutes

ZUTATEN FÜR 4 PORTIONEN

120 g	Himbeeren
200 g	Erdbeeren
80 g	Blaubeeren
80 g	Rote Johannisbeeren
3 EL	Zucker
2 EL	Cassislikör
1	Ei
3 EL	Puderzucker
100 g	Sahne
2 EL	Naturjoghurt
1	Bio-Zitrone
4	Erdbeerranken mit Blättern (aus der Gärtnerei oder vom Wochenmarkt)
400 ml	Vanilleeis (Fertigprodukt)
1 EL	rosa Pfefferbeeren
	Puderzucker zum Bestäuben

ZUBEREITUNG

- Die Beeren waschen, putzen bzw. verlesen und gut abtropfen lassen. In einer Schüssel mit Zucker und Cassis mischen und etwa 25 Minuten marinieren.
- Den Backofen auf 240 °C (Oberhitze) vorheizen. Das Ei trennen. Das Eiweiß mit den Quirlen des Handrührgeräts steif schlagen, dabei 2 EL Puderzucker einrieseln lassen. Das Eigelb mit dem restlichen Puderzucker in einer weiteren Schüssel schaumig schlagen. Die Sahne steif schlagen. Eischnee, Eigelbmasse, geschlagene Sahne und Joghurt verrühren. Die Zitrone heiß waschen, trocken reiben und die Schale mit dem Zestenreißer in feinen Streifen abziehen.
- Die Beeren gleichmäßig in vier dekorative Auflaufförmchen verteilen, mit den Zitronenzesten bestreuen und jeweils eine Haube Ei-Sahne-Schaum daraufsetzen. Im Ofen auf der obersten Schiene 5 bis 7 Minuten hellbraun überbacken.
- Die Erdbeerranken waschen und trocken tupfen. Die gratinierten Beeren aus dem Ofen nehmen und (in den Formen!) mit jeweils 1 Portion Eis anrichten. Mit den Pfefferbeeren bestreuen und mit Puderzucker bestäuben. Mit den Erdbeerranken dekoriert servieren.

Ich mag es, wenn die Erdbeerranken nicht zu kurz sind, sondern ansehnlich über den Tellerrand hängen oder gar so lang sind, dass man sie wie einen Kranz um das Gratin legen kann. Und wenn vielleicht noch ein paar kleine Beeren oder Erdbeerblüten dranhängen!

Why do all good things come to an end?

Ja, schade, stimmt. Jetzt habe ich Ihnen meine besten Rezepte „mit Make-up" verraten. Aber halt, eins habe ich noch: **Eiskaffee-Pralinen!** Statt Kaffee. Die sind echt kinderleicht zu machen, sehen aber nach großem Kino aus: Eiskaffee in bunte kleine Pralinenförmchen aus Plastik füllen und im Gefrierschrank gefrieren lassen.

Am einfachsten, wenn Sie die Förmchen in ein passendes Mini-Muffinblech setzen und dann den Eiskaffee einfüllen. Hinterher einfach aus der Form drücken und die Pralinen in bunte Papierförmchen (im Kühlschrank vorgekühlt) setzen. Oder Sie zaubern ein buntes Pralinen-Buffet: Aus verschiedenen Smoothies oder auch Tees (Matcha, Verbene?). In Pralinenförmchen gefüllt, tiefgefroren und eiskalt serviert.

Your Emergency Map

... weil manchmal eben doch was schiefgehen kann

Natürlich ist der Herd schuld, weil er eine zu hohe Temperatur eingeschaltet hat – und jetzt ist die Suppe angebrannt ...

Zuerst einmal: Hände weg vom Kochlöffel. NICHT mehr umrühren! Sonst lösen sich die angebrannten Stellen, verteilen sich in der ganzen Suppe und machen sie bitter. Besser: Die angebrannte Suppe vorsichtig in einen anderen Topf füllen. Wirklich vorsichtig, damit sich der Bodensatz nicht löst. Schmeckt die Suppe doch ein bisschen angebrannt? Einen Versuch mit etwas Sahne und Butter starten, die neutralisieren den bitteren Geschmack.

Das heiße Öl in der Pfanne ist wütend auf mich und spritzt den ganzen Herd voll ...

Das geht natürlich nicht. Beruhigen Sie es mit ein paar Körnchen Salz. Schon bleibt es brav in der Pfanne und spritzt nicht mehr.

Das Gemüse hat es sich im heißen Salzwasser bequem gemacht und ist nun verkocht ...

Tja, als Beilage können Sie es vergessen. Aber vielleicht brauchen Sie noch eine Suppe? Das Gemüse mit einem Schuss Sahne in 750 ml heiße Hühnerbrühe geben, mit dem Stabmixer pürieren und abschmecken. Schnittlauchröllchen drüber, fertig. Und statt Gemüsebeilage gibt's frisch aufgebackenes Baguette oder Ciabatta. Ich sage Ihnen: Es lohnt sich, die beiden Sachen immer griffbereit im Tiefkühlfach zu haben.

Jetzt habe ich extra den feinsten Champagner gekauft und kurz bevor die Gäste kommen, haben meine Champagnergläser Selbstmord begangen und sind mir aus der Hand gefallen ...

Nicht traurig sein. Dann sind sie jetzt im Champagnergläser-Himmel und haben es dort sicher sehr schön. Servieren Sie das prickelnde Getränk in Weißweingläsern, in die man gut noch sein Näschen stecken kann. Darin kommen Aroma und Nuancenreichtum eines Champagners sowieso besser zur Geltung und man rempelt sich seine Nase nicht dauernd am engen Glasrand an und muss auch den Kopf nicht so weit nach hinten recken.

Ich habe beim Würzen der Suppe nebenbei die Geschirrspülmaschine ausgeräumt und jetzt ist die Suppe versalzen ...

Bei einer hellen Cremesuppe etwas Milch oder Sahne einrühren. Bei hellen und dunklen Suppen und Saucen funktioniert es, eine zerdrückte gekochte Kartoffel unterzurühren. Das mildert den Salzgeschmack und bindet sie zusätzlich. Hilft also auch, wenn die Suppe oder Sauce zu wässrig ist.

Ich habe nichts falsch gemacht. Ehrlich! Aber die Sauce ist dünn wie Wasser ...

Siehe oben. Oder her mit der Speisestärke, die bindet schnell und nimmt der Sauce kaum Geschmack. Die Stärke mit etwas kaltem Wasser glatt rühren und in die kochende Sauce einrühren. Immer hübsch nach und nach! Zwischendurch prüfen, ob sie noch zu dünn oder genau richtig ist. Zum Schluss die Sauce noch 2 bis 3 Minuten köcheln lassen, damit der leicht mehlige Geschmack verschwindet.

Über 1 Stunde ist er schon im Ofen, aber der Schweinebraten will einfach keine richtige Kruste bilden ...

Machen Sie es einfach wie die Profi-Köche: Bestreichen Sie die Schwarte mit kaltem Salzwasser, Honig oder Malzbier. Dann lassen Sie den Braten bei höchster Backofentemperatur oder unter dem Backofengrill 5 bis 10 Minuten nachbraten.

Der Fisch ist so schrecklich schüchtern und versteckt seine VERDAMMTEN Gräten vor mir …

Anschreien nützt nichts. Drohungen auch nicht. Folter ist verboten. Also eine Schüssel mit kleinem Durchmesser kopfüber auf die Arbeitsplatte stellen und den Fisch waagerecht darauflegen. Durch die entstandene Wölbung kommen die Gräten ans Tageslicht – sie können gar nicht anders – und Sie können sie mit einer Pinzette herauszupfen.

Ich weiß nicht, was ich ihnen getan habe, aber die Sauce und die Vinaigrette sind sauer (auf mich) …

Wenn Sie nichts getan haben, müssen Sie sich auch nicht entschuldigen. Ein Lorbeerblatt entspannt die heikle Lage. Und die Säure können Sie vergessen.

Ich schwöre es: Ich habe keine Ahnung, warum das Essen plötzlich so verdammt scharf schmeckt. Viel zu scharf …

Kann ja mal passieren. Saucen und Gemüse reparieren Sie am besten mit eingerührter Milch, Sahne oder Crème fraîche. In asiatischen Gerichten mildern Orangensaft, eine pürierte Mango oder ein Schuss Kokosmilch die Schärfe.

Warum macht die Panade vom Wiener Schnitzel, was sie will, und wirft so große Blasen?

Nicht böse sein, sondern clever: Die Blasen in der Panade entstehen immer dann, wenn Schnitzel im Ofen warm gestellt werden. Sobald die hohe Brathitze nachlässt, entspannt sich das Fleisch und der Wasserdampf löst die Panade. Dagegen hilft: Das gebratene Fleisch sofort servieren oder die Schnitzel auf das Ofengitter legen und vor dem Servieren bei 150 °C im Ofen noch mal erhitzen.

Wie konnte er mir das nur antun? Der Reis ist im Topf angebrannt …

Bestrafen Sie ihn! Füllen Sie den Reis in einen anderen Topf, dabei aber aufpassen, dass die angebrannte Kruste im Topf bleibt. Und dann bedecken Sie ihn für 5 Minuten mit einer Scheibe Toastbrot, sodass er nichts mehr sehen kann (und vor allem nicht mehr so verbrannt riecht).

Ich hätte es nicht vergessen. Ganz sicher nicht. Aber dann stand an der Käsetheke dieser Mann mit den blauen Augen und dem Body von Matthew McConaughey neben mir, der mit mir flirtete und sofort weiche Knie und eine plötzliche Leere im Kopf bei mir auslöste. Und jetzt fehlt mir der Parmesan zur Pasta ...

Na, das wäre doch jeder so gegangen, nicht wahr? Alles gut! Ersetzen Sie den Parmesan durch fein geriebene Nüsse, Cashewkerne (ungesalzen), Haselnüsse. Die gibt es schon fertig gemahlen in der Backabteilung, aber wenn da auch wieder Matthew McConaughey steht: Walnüsse oder Pekannüsse.

Im Rezept standen „3 Knoblauchzehen" – aber nichts über ihre Größe. Und nun schmeckt mein Essen soooo stark nach Knoblauch ...

Na, da gibt's doch eine einfache Lösung: Ein paar Minuten eine Kartoffel mitkochen und sie vor dem Servieren herausnehmen. Oder Sie füllen ein Tee-Ei mit getrockneter Petersilie und hängen es 5 bis 7 Minuten in die Sauce oder Suppe.

Das Rezept ist falsch, der Herd kaputt oder die Pfanne hat ihren Geist aufgegeben ... Jedenfalls ist das Steak zäh wie die Schuhsohle meiner Bikerstiefel ...

Sorry, aber
a) das Rezept stimmt (wenn es von mir ist),
b) der Herd ist bestimmt nicht kaputt und
c) die Pfanne bestens in Form.
Das Fleisch d) garantiert von einem guten Metzger, oder?
Da hilft nur noch, den Abend spontan zu einem Vegetarian Evening zu erklären. Und das nächste Mal vorbeugen: Das Steak vor dem Braten von beiden Seiten mit etwas Dijon-Senf bestreichen. Im Senf ist Essig enthalten, der das Fleisch saftig macht. Ist doch alles gut!

Alles geschafft, müde – und jetzt glücklich ins Bett gehen

… aber die Nacht war natürlich viel zu kurz …
Ja, ja, das kann ja passieren, aber es muss Ihnen ja nicht jeder ansehen!
Erstmal, das Fenster öffnen. Nicht meckern, nicht jammern. Fenster auf. Und dann hinstellen, Hände vor dem Oberkörper ineinander verschränken, einatmen und Arme so hoch wie möglich über den Kopf führen, Handflächen umdrehen, sodass sie zum Himmel zeigen, ausatmen. Dann Hände wieder senken. Übung 12-mal wiederholen. Hilft echt!
Über **ein kühles Bad** (maximal 36 Grad) freut sich der Kreislauf wie Sie über eine Gehaltserhöhung. Und dann noch etwas Fichtelnnadelöl reinträufeln, denn das bringt die Durchblutung auf Touren. Für 10 Minuten abtauchen und an den lustigen Abend gestern denken. Nicht an den Kater!
Keine Lust auf ein Bad? Ab unter die Wechseldusche. 3 Minuten warm, dann 20 Sekunden kalt abduschen (den Strahl von unten nach oben zum Herzen hinführen) – immer mit kaltem Wasser aufhören. **Geheimtipp**: jeweils 1 Minute lang die Fußsohlen eiskalt abbrausen. Hier laufen ganz viele Nervenenden zusammen, sodass der ganze Körper energetisiert wird.
Für den besonderen Prickel von Kopf bis Fuß mit einem eisgekühlten Bodytonic einsprühen. Duft-Cocktails mit Orangenaroma bringen **auf Knopfdruck gute Laune**.
Gegen **Blässe** hilft es, viel kaltes Wasser ins Gesicht zu schaufeln. Das treibt wieder Röte ins Gesicht. Immer gut, auch wenn man kein Make-up benutzt: ein Tupfer Rouge auf den Wangen.
Pelzigen Geschmack im Mund? Dann beim Zähneputzen Zunge mitschrubben – mit der Zahnbürste oder einem Zungenschaber. Entfernt den „Teppich“, der sich über Nacht gerne ablagert.
Barkeepertrick gegen einen dicken Kopf: Kaffee oder Espresso mit dem Saft einer ausgepressten Zitrone trinken. Da Alkohol durch Flüssigkeitsentzug den Mineralstoffhaushalt durcheinanderbringt: Zum Ausgleich den Nachdurst mit reichlich Mineralwasser oder Schorle löschen. Auch mit einem deftigen Frühstück (Rollmops, saure Gurken, heiße Brühe) lässt sich der Elektrolythaushalt ausbalancieren.